德勤新视界

2017 年（总第六辑）

密码以外的世界

德勤中国 编

Making an Impact that Matters

大胆求新 · 深远影响 · 卓越领导

上海交通大学出版社
SHANGHAI JIAO TONG UNIVERSITY PRESS

内容提要

本书以密码以外的世界为主题，分析了制造业、消费品、电信、医疗等领域的最新趋势及领先理念。具体内容有：2017 年亚洲市场你需要知道的四件事、2017 年中国经济展望、中国制造业重建比较优势——对话霍尼韦尔、互联网品牌的立命之本、解密移动消费者的套路、新医改，新变局——跨国药企的挑战与应对、密码以外的世界——提升数字化转型的安全性、效率和用户体验、量化风险——网络风险管理可以从金融服务行业获得哪些启发、创新无关金钱——行为学视角下的创新行为与激励措施，等等。

本书适合对宏观经济、行业趋势、企业管理等话题感兴趣的商界人士以及相关领域的管理层阅读和参考。

图书在版编目（CIP）数据

密码以外的世界 / 德勤中国编 . —上海：上海交通大学出版社，2017
（德勤新视界）
ISBN 978-7-313-16640-1

Ⅰ . ①密… Ⅱ . ①德… Ⅲ . ①企业管理 – 数字化 Ⅳ . ① F272.7

中国版本图书馆 CIP 数据核字（2017）第 025282 号

密码以外的世界

编　　者：德勤中国
出版发行：上海交通大学出版社　　地　　址：上海市番禺路 951 号
邮政编码：200030　　电　　话：021-64071208
出 版 人：郑益慧
印　　制：上海景条印刷有限公司　　经　　销：全国新华书店
开　　本：787mm × 1092mm 1/16　　印　　张：6.25
字　　数：134 千字
版　　次：2017 年 2 月第 1 版　　印　　次：2017 年 2 月第 1 次印刷
书　　号：ISBN 978-7-313-16640-1/F
定　　价：80.00 元

前 言

在过去一年中，地缘政治紧张给几个主要经济体带来了国家安全上的不确定性，甚至由此引发了影响全球化进程的政治和经济决策。在困扰全球安全性的一系列事件中，虚拟世界的网络安全受到广泛关注。网络攻击对于上至国家大选下至企业运营，乃至个人隐私安全都带来了极大的风险。中国在信息化、智能化加速发展的过程中，对于网络安全防御的要求也越来越高。本辑的封面文章《密码以外的世界》和《量化风险》从微观层面揭示了企业数字化转型过程中的网络安全隐患，并提出了具有普遍启发意义的管理建议。

2016 年频繁爆发的“黑天鹅”事件让我们看到全球化进程发生了很大的改变，但我们不认为这是全球化的终结或逆转，而更愿意称之为全球化的新进程。相信中国将从过去较为被动地参与全球价值链分工变为更加积极主动地参与价值链重塑。与此同时，我们也看到人民币持续贬值和资本外流给中国经济带来的挑战，总体对中国经济在 2017 年的发展态势保持谨慎乐观。此外，与贸易相关的领先指标显示了全球经济在多年低迷之后的上扬希望。这是一个良性循环的开始，亚洲，尤其是中国是贸易增长最大的受益者，因而将进一步带动全球经济的增长。尽管特朗普的贸易保护主义论调如芒在背，但是全球经济分工格局的演化趋势难以逆转。在本辑《德勤新视界》中，我们将通过《2017 年亚洲市场你需要知道的四件事》和《2017 年中国经济展望》详尽分析未来全球化和自由贸易的关键趋势。

从行业层面来看，制造业升级仍然是中国经济转型的关键和供给侧改革的着力点。随着特朗普对于制造业回流美国刺激力度的加深，关于中国制造业竞争优势的问题再度成为讨论焦点。就此问题，我们对霍尼韦尔（Honeywell）全球高增长地区总裁沈达理先生进行了深度访谈，看这位在中国生活逾 20 年的“中国通”如何解读中国制造业升级的机会和竞争力所在。同时，我们继续保持对于中国医疗制药行业的关注，《新医改，新变局 —— 跨国药企的挑战与应对》探讨了医改背景下跨国药企面临的转型压力和战略选择。

最后，《解密移动消费者的套路》和《互联网品牌的立命之本》则关注了快速增长的“千禧一代”，也就是被称为“互联网原住民”的消费者群体如何影响和改变着消费品和零售生态的竞合格局。

祝您开卷愉快！

曾顺福
德勤中国首席执行官

萧耀熙
德勤中国市场与国际部主管合伙人

德勤新视界

2017 年（总第六辑）　目 录

在全球经济增长持续低迷数年后，其未来很可能会超乎预期地步入上行趋势。尽管美国出现贸易保护主义抬头趋势，但我们相信亚洲经济体仍将领跑 2017 年全球经济增长。

2017 年亚洲市场
你需要知道的四件事

文 / Manu Bhaskaran　许思涛　德勤亚洲之声团队

我们确实很容易对市场持悲观态度。全球经济增长已经持续低迷了很长一段时间，而近些年亚洲市场也逐渐被卷入其中。在过去十年里，政治和经济方面的动荡似乎从未停止过。

然而我们有一些好消息和读者分享：就 2017 年里的大多数事情而言，利好的可能性高于利空。而亚洲经济将是这一年全球经济增长好于预期的关键。

当然并非所有事情都会利好。以下是我们针对2017年亚洲市场总结出的4条“须知事项”。

首先，未来全球经济增长的上行趋势将会出乎很多人的意料，而以印度为首的亚洲市场将会是经济回暖的最大受益者。随着近些年的一连串动荡逐渐平息，各项全球经济增长的领先指标正在上升，与之相应的，亚洲各国市场纷纷出现出口订单增多的情况。

其次，即便有着经济增长的意外之喜，金融压力仍然是重大风险因素。随着美联储率先加息，全球利率终于开始了漫长的爬升之旅。此举将会给市场带来剧烈波动。但我们的分析显示，相比大多数地区，亚洲能更好地应对这种压力。

第三，新兴经济体的增长将是全球经济整体增长中最好的消息。更为重要的是，这些增长不再是单调的商品驱动型增长。通过改革，许多新兴经济体的潜在竞争力已经得到了大幅提升，为基础更广泛、更具可持续性、更高质量的增长做好了准备。

最后，对市场造成实际冲击的很可能是人民币的大幅贬值。中国经济正在众多困境中努力把握平衡，而对寻找经济增长点的政府而言，除使人民币大幅贬值外，似乎已别无选择。

洞见一：全球经济增速将快于预期，而亚洲市场将会是最大受益者。

许多预测机构（包括国际货币基金组织和世界银行）都发出警告，称全球经济增速将趋温和，风险倾向于下行。

我们认为，这种看法过于悲观。我们观察到的迹象表明，全球经济增长大有提速的可能，而非降速。各项经济领先指标证明了这一点，而且全球经济的根本推动力，例如劳动力和信贷市场，已经开始好转。因而全球经济又怎么不会加速呢？试想：

- G3经济体（美国、欧洲和日本）都在维持或加快复苏速度。
- 印度在面临全球局势惨淡的情况下，增长率维持在7%以上，继续带来惊喜。
- 中国正在采取积极的政策行动来应对当下的经济困局，并使市场趋于稳定。
- 大型新兴经济体，例如印尼的增长有望加速，而俄罗斯和巴西亦将复苏。
- 原油价格走低带来的净效益会在2017年里更加显著。消费开支增长和能源密集型产业扩张所带来的正面效应将会更加显著，开始超过石油相关资本支出瓦解所带来的负面效应。

以上这些都是非常可观的利好影响。

世界贸易额正在反弹：初步迹象

如图1所示，世界贸易额已经持续低迷多年。然而，如图2所示，美国进口需求已有回升迹象。

图1 世界贸易额三个月移动平均值

图2 美国进口量

资料来源：根据CPB World Trade Monitor的数据计算得到。

同时，世界贸易的领先指标表明经济正在逐渐复苏。

首先，新的出口订单量正在稳固攀升。这一结果可在世界各地的采购经理调查（见图3）中观察到。如图4所示，出口量的迅速复苏，已通过全球各经济产业收到的出口订单增多得到证实。此外，作为世界贸易的风向标，中国台湾所收到的出口订单情况稳健，而另一全球主要出口国，德国的工厂订单亦在攀升。

图3 全球制造业新出口订单指数

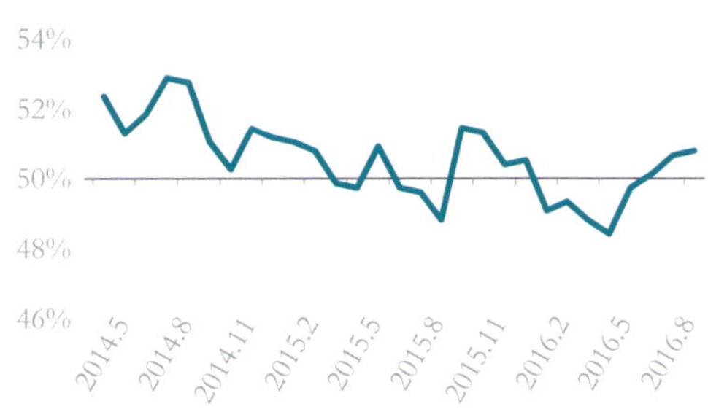

图4 全球所有行业新业务指数

资料来源：根据中国经济数据库的数据计算得到。

其次，电子元件贸易额也是全球贸易中的一项关键领先指标。美国对计算机和电子零件的新订单数量的上升（见图5），表明了亚洲制造业出口量的增长。

再次，另一项经济领先指标，集装箱吞吐量也正在回升（见图6）。

图5 美国新订单：电脑和电子产品

图6 南亚集装箱量增长率

资料来源：根据中国经济数据库、RWI-Leibniz-Institut für Wirtschaftsforschung和海运经济与物流研究所的数据计算得到。

最后，用于估算未来贸易活动的航空货运量也开始呈现生机。事实上，全球航空货运量增速已升至自 2015 年年初以来的最快增长速度。

贸易反弹得益于 G3 经济体、印度和中国的良好发展势头

这些地区还有更多的利好消息：

- 随着制造业和服务业更加稳健，美国正在逐步恢复其作为全球经济增长引擎的角色。美国经济一年多以来一直在以最快速度增长，IMF 预测 2017 年美国的增长率会进一步上升。
- 欧元区平安渡过挑战。欧元区已经摆脱了英国脱欧公投，以及持续来自政治和金融方面不确定因素造成的冲击。
- 作为印度最大的市场，美国经济增长势头的复苏很可能会惠及其服务商品的出口。
- 中国的复苏可能过分依赖刺激措施，但中国还会继续推行刺激措施。随着中央政府重新采用以低息信贷促进债务驱动型增长的方法，中国近来的增长基础更为坚实。令人忧虑的是，之前引发中国信心危机的潜在结构性缺陷和风险仍未得到解决。不过，我们认为，对公共部门的大额投资能确保中国经济在 2017 年处于良好的增长轨迹。

其他大型新兴经济体正重整旗鼓

利好消息并不止这些。根据经合组织的领先指标显示，俄罗斯和巴西可能会在未来 12 个月里出现高于趋势水平的增长。

- 俄罗斯的制造业采购经理指数接近两年高位。产量正在以近两年内最强劲的势头增长，新订单的不断增加也预示着增长将会持续。
- 巴西当前的指标依然低迷，但前瞻性指标好转。巴西央行正在下调利率，同时，油价下跌、民众对政策改革的信心增强以及全球经济好转，都有助于巴西经济走出低谷。

在接二连三经历冲击之后，世界经济将逐步正常化

多方面的利好消息都有着共同的缘由——没有爆发新危机。

世界经济终于开始摆脱重大冲击事件不断爆发的动荡时期。这些事件始于 2008-2009 年的全球金融危机，接着是 2011 年爆发的欧元区主权债务危机，中东围绕“阿拉伯之春”发生的一连串政治危机，中国经济增长大幅放缓，继而大宗商品价格自 2014 年起暴跌，以及随后的大型经济体表现疲弱。

特朗普当选为美国总统将引发 2017 年全球经济的诸多重大问题，这其中亦包括贸易问题。随着许多发达经济体的民粹主义和贸易保护主义情绪扩散，这些问题也正在其他领域发酵。

但是，2017 年的经济走势也许并不像人们所恐惧的那样严重。在当选总统后，特朗普最初竞选时的激进态度已有所缓和。更重要的是，当前经济繁荣和全球化是刺激未来贸易增长的重要因素，在此大趋势下，特朗普个人的影响力也十分有限。

我们在 2017 年里会更多观察到，随着上述动荡造成的负面影响逐渐消失，各经济体开始逐步回归正轨。这将为世界各地经济更具韧性的复苏奠定基础。

缺少的因素是资本支出

美国资本支出的加速会是一件大事。基于对改善盈利能力的迫切需求，以及日益复苏的经济增强了美国对控制国内和国际风险（如英国脱欧和中国经济增长放缓）的信心，资本支出，这项美国经济复苏一直缺少的因素，如今可能会重新焕发活力。

通过服务业贸易的增长，乘数效应在亚洲地区（包括印度）的效果会是巨大的。美国的大型金融机构是印度信息技术服务业的主要消费者，美国任何层面的经济复苏都将为这些服务提供商带来更好的机会。

当然，事无绝对。美国公司仍然面临产能过剩和美元升值的问题，且后者会影响美国的出口贸易。若企业投资大量增加，其原因将是企业相信市场需求会扩大、通货膨胀率会上扬——这两者均可通过采取特定的财政刺激措施来实现，当选总统特朗普曾表示他有可能支持此等刺激措施。

亚洲出口商是全球经济复苏的最大受益者

亚洲各国采购经理指数的新出口订单分类指数均已反弹。这是一个令人鼓舞的迹象，说明全球需求正在缓慢却稳定地持续上升。

我们观察到，在亚洲各经济体中，制造业竞争力更强的经济体获益更多。

- **出口导向型的新工业化经济体将成为最大赢家**。由于与美国技术产品息息相关，中国台湾应该会受益，但其经济复苏速度也取决于中国大陆对台湾生产的半制成品需求的好转程度。鉴于其经济对贸易的依赖性，新加坡也会成为主要受益者。韩国也会受益，特别是在全球资本支出回升的情况下，但是回升程度将会根据其造船业、航运业和手机制造业的具体行业挑战而受到不同程度的限制。
- **出口导向型的东盟经济体也必然获益**。马来西亚拥有颇具竞争力的货币和基础雄厚的出口导向型制造业，而且贸易在马来西亚经济中的地位举足轻重（马来西亚是世界上贸易对经济占比最大的国家之一）。泰国和越南也会是赢家，但是菲律宾和印尼在出口导向型制造业方面的竞争力较弱。
- **外包经济会继续获益**。尽管美国大选期间有关于外包这个议题的讨论，但是我们仍认为外包经济（作为印度和菲律宾经济增长的主要引擎）会有增长。印度的外包业在区内依然占据主导地位，并通过将语音支持和销售支持与软件开发相结合，已经形成了更广泛的生态系统。鉴于技术领域的进步和维持盈利能力的需求，印度和菲律宾的外包业将会继续取得大幅增长。
- **中国显然会从 G3 经济体需求增加当中获益，但也会面临更多的贸易保护壁垒和一些与特朗普上台有关的问题**。G3 经济体需求增加对印度制造商的推动作用依然较小，但其仍会受到主要出口市场复苏的正面影响。此外，印度制造商进入新市场的潜力相当可观，并且已经把非洲和拉丁美洲国家当作目标。

洞见二：美联储的加息步伐快于预期，但亚洲有能力应对。

美国联邦储备局一度不愿将利率正常化，但这一态度已明显在转变，由此引发了关于加息幅度是否会大于预期的问题。部分美联储官员正在讨论不尽早收紧的风险，而数据显示美国经济已重新焕发活力。

目前一种风险是美国可能实际上增长过快，导致部分资产市场“过热”[1]。此外，通胀率也出现上扬迹象，正在逼近 2% 的目标线。采购经理指数活动指标激增，持续而又温和稳固的劳动力市场，以及资本支出（美国复苏所缺少的因素）可能回升的迹象，都说明经济形势稳健。若真如此，则不宜再持续推行超低利率。资本支出若真如预期般加速增长，将对经济造成非常可观的乘数效应。

加息对亚洲市场意味着什么？

如果美国联邦储备局确实在 2017 年向全球经济增长投下加息的重磅炸弹，亚洲国家对此是否有充分准备？

面对美联储的加息措施，决定亚洲经济体的恢复能力的因素将会是多方面的。

面临外来资本突然撤离的风险。如果美国加息且投资者对风险评估的态度变得更严谨，新兴亚洲股市和债券等风险资产将会被重新定价。有三种方式可用来衡量风险程度：

- 若赤字的大部分资金来源为直接投资而非波动不定的投资组合资本，则出现经常账目赤字的国家经济会有所改善。有鉴于此，印尼依然脆弱。
- 另一个衡量标准是易售证券的外商持有份额。按这个指标来看，印尼和马来西亚似乎稍显脆弱。
- 最后一个衡量标准是外汇储备对短期债务的覆盖程度。乍看之下，中国香港和新加坡在这个方面看起来脆弱，但这只是因为这两个市场庞大的银行业夸大了这一比值。就此而言，只有马来西亚有一定的风险。

对利率上调的敏感度。由于利率长期走低，亚洲地区的家庭和企业债务水平有所上升。上调利率可能会危及那些过度杠杆化的家庭和企业。若要评估这个层面的风险程度，我们也需要考虑债务水平以外的因素。如果银行资本充裕且经济鲜有失真（如资产泡沫），则可降低风险。

除中国内地和香港外，我们认为很少存在这种风险。由于印度采取了积极的政策行动管理这种风险，其经济在过去三年里发生了重大变化。然而，其金融市场对美国政策利率的上调依然敏感。由于投资者会调整他们的投资组合，美联储近期的加息可能意味着资本会流向美国市场。这历来都意味着印度本币的贬值以及流入印度的投资组合产生波动。

总而言之，随着区内各国强化自身的经济基本面，降低对全球金融波动性的敏感度，亚洲的复原能力已得到改善。然而，全球经济的联系比以往更紧密，没有一个经济体是完全孤立的，有些经济体可能比其他经济体更脆弱。

虽然我们认为亚洲大部分经济体能够应对美国加息的影响，但对亚洲经济体而言，进一步改善其复原能力依然至关重要。

洞见三：竞争力更强的亚洲以更高质量的增长方式再度崛起。

过去几年，一系列因素导致了新兴经济体表现欠佳。这些因素包括政治动乱、变幻无常的自然气候、全球经济疲软、大宗商品价格不断下跌和改革所产生的短期不良影响（如削减补贴和税收改革）。

然而，随着这些因素的逐步消散，在未来十年，大型新兴经济体有望蓄势待发，引领全球经济增长——特别是这些经济体的增长质量正在不断改善。很多因素都在起着推动作用。

- **单调的商品驱动型增长正被逆转**。低廉的大宗商品价格已对一些新兴经济体的贸易和收入状况产生重压。对印尼而言，这个问题尤其严重。然而，我们认为，大宗商品市场从繁荣转为衰退所造成的损害已经结束，大宗商品相关产业正在开始复苏，有望在 2017 年里持续增长。此外，更重要的是，很多国家正在重振改革工作，使各自的经济体变得多元化，而并非重新依赖大宗商品。

- **强有力的政策措施**。我们也看到在亚洲区内出现较强的政策回应，此举有助于促进经济增长。政府的政策和支出正在提振私营企业的信心，有助于投资支出的复苏。而投资的回升将创造新的生产力，进一步提升竞争力。
- **加速的改革步伐**。必要的改革支持着上述趋势，以解决根深蒂固的结构性缺陷，这些缺陷近年来一直在削弱亚洲经济的竞争力和增长。

这是一个好消息。诚然，亚洲的经济增长面临诸多挑战，但不同的应对策略已规划到位，将会为该地区 2017 年的经济增长做出贡献。

评估相对竞争力

全球机构通过一系列指标频繁地比较各个国家和地区，以及时更新评估它们的相对竞争力和表现。

在大多数竞争力指数（见表 1）中，我们发现亚洲经济体的排名呈现出一种反复出现的趋势。

- 新加坡几乎全面领先其他亚洲国家。
- 马来西亚和中国下降至中游。
- 印度、印尼、菲律宾和越南排在了最后。

表1 区域竞争力的比较

排名	全球竞争力指数（世界经济论坛）(2016-2017 年)	世界竞争力指数（国际管理发展学院）(2016 年)	科尔尼外商直接投资信心指数	世界银行物流业绩指数 (2016 年)	世界经济论坛旅游观光竞争力指数 (2015 年)
印尼	41	48	不适用	63	50
中国	28	25	2	27	17
印度	39	41	9	35	52
马来西亚	25	19	不适用	32	25
菲律宾	57	42	不适用	71	74
新加坡	2	4	10	5	11
泰国	34	28	不适用	45	35
越南	60	不适用	不适用	64	75
澳大利亚	22	17	7	19	7
新西兰	13	16	不适用	37	16
日本	8	26	6	12	9
韩国	26	29	17	24	29

资料来源：从各种资料来源收集整理。

不过，若沿时间线观察这些经济体的竞争力，会发现它们其实是在上升的曲线上。我们可以通过比较这些国家在世界经济论坛的全球竞争力指数中的排名在一定程度上观察到这一趋势。该指数以从机构和宏观经济环境到创新和商业成熟度等一系列指标为基础，对竞争力进行衡量。

表2 全球竞争力指数排名（共138个国家和地区）

国家和地区	2006-2007 年	2011-2012 年	2015-2016 年	2016-2017 年	2016-2017 年的排名变化
新加坡	5	2	2	2	0
日本	7	9	6	8	-2
韩国	24	24	26	26	0
印度	43	56	55	39	16
中国	54	26	28	28	0
澳大利亚	19	20	21	22	-1
新西兰	23	25	16	13	3
中国香港	11	11	7	9	-2
中国台湾	13	13	15	14	1
印尼	50	46	37	41	-4
马来西亚	26	21	18	25	-7
菲律宾	71	75	47	57	-10
泰国	35	39	32	34	-2
越南	77	65	56	60	-4

资料来源：世界经济论坛全球竞争力指数排名（2016-2017 年 ）。

印度创造最大盈利。在 2016 年世界经济论坛的竞争力指数排名中，印度是仅有的该区排名上升的两个国家之一。印度的排名上升了 16 位，上升至 138 个国家和地区中的第 39 位。其表现的提高体现在竞争力指数的所有细分项目上的进步，尤其是市场效率、商业成熟度和创新方面。莫迪政府小幅但持续的改革努力明显地放宽了在印度经商的限制。尤其是 2016 年立法通过的一些关键法规，今后几年随着这些法规的实施，将会对印度经济的竞争力产生显著的影响。2016 年 5 月，印度政府通过了《2016 年破产及倒闭法》(Insolvency and Bankruptcy Code 2016)，该法例将及时解决破产，创建连续违约者记录并允许印度企业更快地周转。另一项重要的改革是通过了《2016 年 8 月商品及服务税法案》(Goods and Services Tax Bill August 2016)，该法案旨在统一印度各邦的四项间接税率，将印度转变为统一的市场。该法案被认为是印度当代税务制度的最大变革，将会提高印度制造商的竞争力。

新西兰进步较快，澳大利亚排名逐年下降。澳大利亚在 2016-2017 年世界经济论坛竞争力指数中的排名下滑至 138 个国家和地区的第 22 位，与其历史最差排名持平。造成此结果的关键因素是创新不足以及相对较高的公司税率，按照世界经济论坛的尺度衡量，澳大利亚在创新方面的排名持续下滑，落后于其他发达经济体。与之相反，新西兰近年来的排名飙升，2016-2017 年达到第 13 位。相比之下，新西兰在 5 年前的排名仅为第 25 位。尽管新西兰在创新方面的排名也落后于其他发达经济体，但在 2016-2017 年金融市场发展、创业周期、公司董事会效率和投资者保护力度等方面，新西兰均排名首位。

印尼日益改善，但经济仍有明显差距。2016 年印尼的排名下降 5 位，总体位列第 41 位。印尼的宏观经济环境、金融市场发展和创新已得到明显改善，但仍在健康和基础教育、劳动市场效率及技术就绪程度方面疲软。但是，发展前景比以往好。佐科维政府已推出 13 项经济一揽子政策，以改善印尼的经商环境。这些新政策将与政府继续改善健康和教育的计划以及提高公司技术吸收能力的计划相结合，从而放大其影响并转化为更高的经济增长。

菲律宾的排名十年来首次下降。由于官僚主义的繁文缛节、贪污腐败和基础设施瓶颈阻碍竞争力，2016 年菲律宾的排名下滑 10 位，位列第 57 位，这是菲律宾 10 年来首次排名下降。其他薄弱环节包括菲律宾的商品市场效率低下、技术就绪程度较低和基础设施不足。然而，凭借稳健的宏观经济环境和专注于改善上述基本因素的优秀经济团队，我们会看到基础设施等领域得到改善及实现投资限制的放宽。

越南出现短期疲软。自 2012 年以来，越南在竞争力排行榜上持续攀升，但 2016 年越南的排名下降 4 位，位列第 60 位。越南被认为在宏观经济环境以及劳动市场效率方面的表现较差，但长远前景是正面的。越南在基础设施和教育方面有较好的表现，所以排名的下滑幅度有限。此外，在激增的外商直接投资的支持下，越南逐渐发展成制造业大国。

综上所述，随着多年来单调的商品驱动型增长效力逐渐减弱，政府被迫进行改革，以改善长期的基本面，而其效果似已指日可待。随着竞争力正在得到改善，未来几年内上述改革将使亚洲的竞争力激增，进一步促进该区域的增长前景。

洞见四：震动亚洲经济的真正大事：人民币贬值。

金融市场已从 2015 年中期中国突然放手让人民币走贬的震惊中恢复了过来。中国政府奉行的策略是让人民币持续但速率不定地贬值，对此货币市场泰然处之。

然而，市场也许尚未看清任何现实，令人更加不安的货币走势条件正一一浮现。

中国：以牺牲长期稳定为代价换取短期增长

中国经济基础相对稳定，2016 年的增长率可能达到其 6.5%~7% 的目标区间。2015 年的股市崩溃、人民币突然贬值和后来的资本外逃，现在似乎已被我们淡忘。据官方数据，经济一直以每年 6.7% 的速率稳定增长（见图 7）。

但中国已为这种新生的稳定付出了代价。这种稳定是由于中央政府积极的财政和货币刺激政策、通过地方政府和国有企业提供渠道，以及大型政府相关金融机构提供财务上的资助所致。决策者寄望于周期性的刺激为经济打下更坚实的基础，已通过中国人民银行的货币宽松措施，重回债务刺激增长的老路。

因此，中国的债务总额占 GDP 的比例激增，从 2010 年的 200% 左右飙升至 2015 年的近 300%，大部分新杠杆被提供给企业界。在信贷文化建设不力的货币体系中，这就是风险。

图7 中国：实际GDP增长

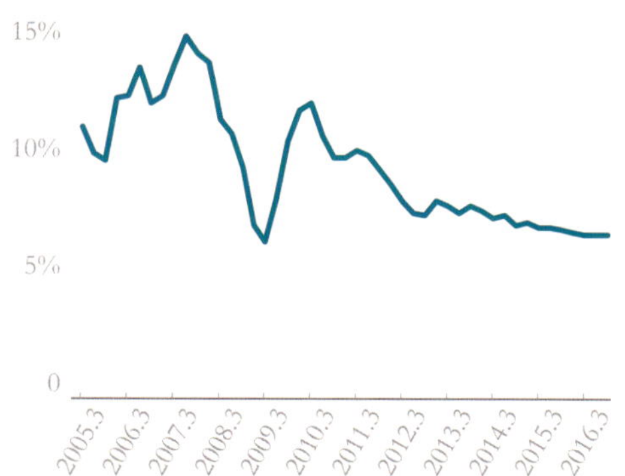

图8 中国：固定资产投资

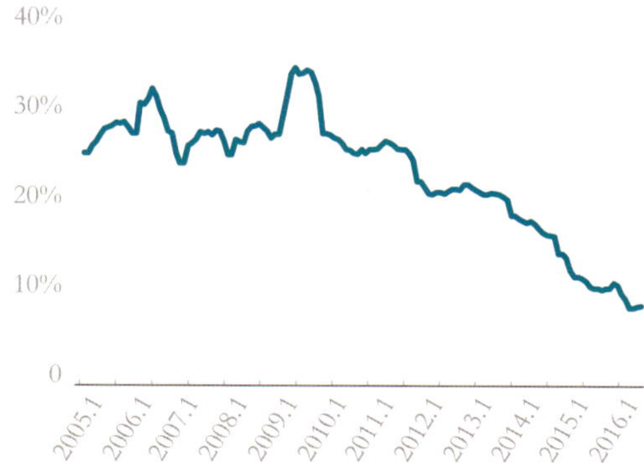

资料来源：根据中国经济数据库的数据计算得到。

下述内容必须得到重视：

- 中国的大部分债务被提供给国有企业，而国有企业使用债务造成更大的产能过剩。而随着产能过剩加剧，议价能力下降，利润率和现金流也在不断下滑。财务压力日益严重也是意料中事。
- 金融领域亦出现了扭曲，例如 P2P 行业的非理性增长。P2P 贷款 2015 年激增逾 150%，但超过三分之一的 P2P 企业出现经营问题。
- 2012-2015 年，中国各地的地方政府所拥有的 10 万多家公司的债务以 14% 的年均增长率增长，已达 5.3 万亿美元。
- 穆迪警告说，中小型银行愈来愈不健康地倚赖批发融资。据悉，批发融资目前已占其全部融资的三分之一。

达到当前政策组合的极限

限制中国传统的财政及货币工具组合效力的其他挑战：

经济复苏一直过度依赖繁荣的房地产市场，尤其是一线城市和受欢迎的二线城市，而在这些一线和二线城市中，房价不可持续地暴涨。2016 年，北京与深圳的房价均蹒跚而上。房价上涨是被过热的信贷增长所推动的。政府因担忧房地产泡沫破裂的后果，现正试图控制信贷增长。

还有一个日益严重的问题：基于信贷的刺激对推动经济增长的作用越来越小。这意味着，所有流动性已被释放，实际经济增长极少；越来越多的流动性被注入制造扭曲泡沫的投机领域。

此外，考虑到投资约占经济的 50%，固定资产投资的必要减速将令经济增长前景承压。对于长期工业产能过剩的经济体，决策者释放的额外杠杆只会添加更多产能，而产能过剩将阻碍私人投资。

对长期前景的信心依然不足。中国资本外逃现象有所减弱，但资本外逃仍在以各种形式、通过其他途径出现，反映出投资者仍对负面信贷和经济增长风险抱有极大的担忧。企业和个人正采取各种方法将现金带出中国。一种流行的方法是通过中国公司对从香港进口的货物开具超额发票。另一种方法是通过购买香港的人寿保险产品。中国内地人士通过购买昂贵的保险产品，然后很快在香港变现这些保单，从而规避资本管制。

中国经济的潜在缺陷意味着资本外流很可能持续，这反过来会对人民币施加下行压力。

这越来越让决策者别无他路，只能选择令市场感到意外的贬值

财政政策将可能加紧确保中国不会偏离其增长轨迹。在不远的将来，更多的政府开支可能会被公布用于基建和社会福利方面。

但是，鉴于私人投资（几乎占经济的三分之一）面对的不利因素，仅这一举措可能还不够。决策者将认识到刺激国内需求必须付出沉重的代价，且需要更强劲的出口以驱动经济增长。

在某一时刻，人民币贬值可能被视为是必要的。关键问题是贬值的幅度。鉴于中国人民银行收紧资本外流，人民币兑美元的汇率不太可能下降超出 5%~7% 的范围。

但是，大于预期的贬值（如 10%，这种可能性无法被排除）将对该区域产生破坏性的影响。这必定会导致亚洲货币全盘贬值，韩国、中国台湾和马来西亚等制成品出口国和地区最受影响。考虑到中国正面临如何使经济再次膨胀和减少闲置产能的挑战，这样的政策回应对于中国或许是必要的，并可能触发日元竞争性贬值。

这样的竞争性贬值可能会使美元上涨至脱离基本面的水平，导致延误必要的加息。美元确实正面临巨大的上行压力，若按照市场预期调整财政政策和货币政策，美元还会进一步升值。美元升值则意味着日元贬值（有利于日本出口贸易），人民币下行压力增加，美国出口更为疲软，亚洲通胀压力上涨，负有大量美元计价债务的亚洲公司面临更多困难。这将使许多亚洲经济体面临挑战，同时也带来某些机遇。

但是，有一点可以肯定：倘若期待中国像在亚洲金融危机时期那样，再次誓保经济强劲增长和货币平稳，以维持地区稳定，会变得越来越不现实。从长远来看，中国如能成功使其经济达至再平衡，大多数亚洲经济体将受惠。

让我们从哪里开始就在哪里结束

我们对经济已经有太多悲观和沮丧的情绪了。毫无疑问，过去 10 年的政治和经济冲击导致经济增长放缓并且削弱了人们的信心。

但悲观和沮丧的情绪已经足够多了。对 2017 年里的大多数事情而言，利好的可能性会高于利空。而在全球经济增长将好于预期的这一年里，亚洲市场将起到主导作用。

Manu Bhaskaran | 合作伙伴 Centennial Asia Advisors 首席执行官 manu@centennialasia.com
许思涛 | 德勤中国首席经济学家 合伙人 sxu@deloitte.com.cn

本文原刊登于德勤全球出版物《亚洲之声》系列第一期。该出版物由德勤中国、东南亚、澳大利亚和美国的经济学家共同撰稿，旨在探讨新的全球化环境下，亚洲主要经济体在经济、贸易和政治等领域面临的挑战、机遇和新的增长动能。

尾注

1. Adam Samson，“美联储官员罗森植格伦称加息已具备合理条件”，《金融时报》，2016 年 9 月 9 日，www.ft.com/content/d04a6c2d-d88d-30dd-8b82-84ce95abc38d。

2016 年频繁爆发的“黑天鹅”事件让我们看到全球化进程发生了很大的改变。在新的征途中，重“质”而非重“速”的发展理念进一步主导未来的经济发展，中国经济将更有韧性。

2017 年中国经济展望

文 / 许思涛

2016 年频繁爆发的“黑天鹅”事件让我们看到全球化进程发生了很大的改变，但我们不认为这是全球化的终结或逆转，而更愿意称之为全球化的新进程，在新的征途中，我们相信中国会从过去较为被动地参与全球价值链分工变为更加积极主动地参与价值链重塑。重“质”而非重“速”的发展理念进一步主导未来的经济发展，中国经济将更有韧性。经济活力的根本是私营部门的投资信心和效率，这也有利于消费者真正建立消费信心和增强消费意愿，无可否认，持续的、健康的消费拉动是未来经济增长的关键。在“人口红利”渐失的背景下，“制度红利”尤其令人期待。同时，人口结构变化带来的未来劳动力结构和消费结构的变化，新技术对于传统行业的改造，以及汇率走势引发的资本流动都给中国经济的发展带来挑战和机遇。对于企业而言，顺势而为，回归行业本质，放眼长远，才能在持续的变化中辨识真正的机会。

我们对于经济的展望来自于德勤研究对于宏观经济和行业趋势的长期跟踪、丰富的案例以及深入一线与各行各业客户的充分交流。从资本回报的角度，我们也访谈了离岸的机构投资者，让“旁观者”更清晰地看中国，展望未来。

一、中国经济具有韧性

2016 年，中国经济增速有所回调，保持在 6.7% 的水平（见图 1），通胀速度突破 2%，人民币对美元持续贬值，从年初的 6.50 下跌到 6.94，贬值幅度约为 6.3%，但对一篮子货币保持基本稳定。与此同时，经济方面也有许多积极变化显现：消费成为拉动经济的亮点，汽车、房地产、租赁和医疗等各类需求旺盛，但房地产泡沫和库存问题也需引起警惕；PPI 增速由负转正，表明大量低效率企业已被淘汰，企业盈利开始有所反弹。

图1 CPI破2，PPI由负转正

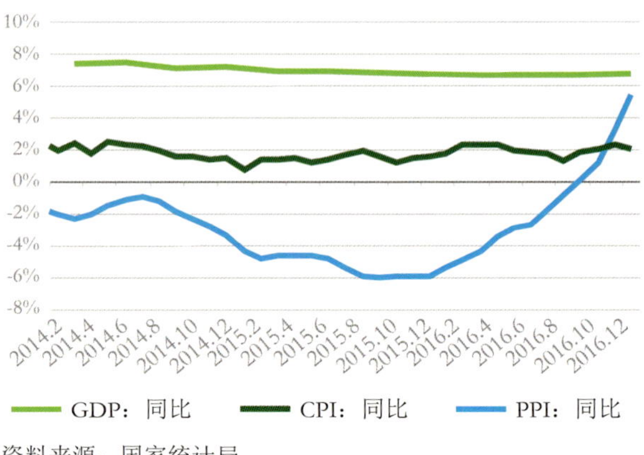

资料来源：国家统计局。

不过，2016 年尚留有部分未解决的问题。面对人民币“跌跌不休”、资本外流激增的态势，中国政府到底会出台何种经济政策来进行应对？另外，由于对特朗普减税和放松管制的预期，市场对其当选呈现出欢欣鼓舞的反应，但若特朗普的百日新政施政不利（如减税幅度小于预期），市场是否能有所预见并做好准备？在对外政策方面，特朗普政府保守而务实，并欲重新取得亚洲的战略性地位，加上对华鹰派纳瓦罗被任命为美国国家贸易委员会主席，中国将面临更大的政策风险。此外，亚洲各国文化历史和经济发展差异巨大，国家间关系错综复杂，而目前特朗普团队缺乏对亚洲事务具有丰富经验的顾问，亦使人担忧。

简而言之，中国经济发展具有韧性，市场不用过于悲观，我们对 2017 年中国经济持谨慎乐观看法。

二、未来发展谨慎乐观

2017 年世界经济格局面临新的调整。美联储将加快加息步伐（预计 2017 年加息 3~4 次），美国之前的每次加息无一不对新兴市场产生冲击，此轮加息更发生于主要经济体表现都不景气的背景下，势必将对新兴市场带来更大挑战。欧洲发生“黑天鹅”事件的概率上升，已渐露苗头的逆全球化浪潮将继续涌出，如欧洲主要国家的大选结果，英国是否会硬脱欧。各类“黑天鹅”事件将引发市场的避险情绪，进而推高美元，大量资金将流向美国国债，意味着中国又面临冲击。

在此背景下，我们预计 2017 年中国经济将有以下几大趋势：

- 外贸部门对于经济增长的贡献作用将递减。以美元计，2016 年 11 月中国出口金额累计同比下降 7.5%。外部需求可能继续疲软，发达经济体正促进部分中高端制造业向本国回流，新兴经济体又凭借成本优势获取更多劳动密集型产品出口市场，中国出口市场将受到挤压。

- 依靠投资来拉动经济不可持续。近几年中国去杠杆进展缓慢（见图 2），截至 2015 年底全社会杠杆率为 249%，高企的杠杆率极有可能带来金融资产质量下降和金融体系脆弱性上升等问题（如 2016 年 11 月开启的债市巨震，以及金融市场频现的兑付危机）（见图 3）。因此，去杠杆的紧迫需求使刺激性投资难以为继，也意味着亟须出台深化国企改革和放缓经济增速的政策组合。
- 消费将继续成为中国经济增长的亮点。只要房地产市场不出现大规模下滑，预计消费将以 10% 左右的速度稳健增长。不过考虑到中国居民的高储蓄率，消费对经济发挥的提振作用也有一定限度。

图2 去杠杆进程亟待加速

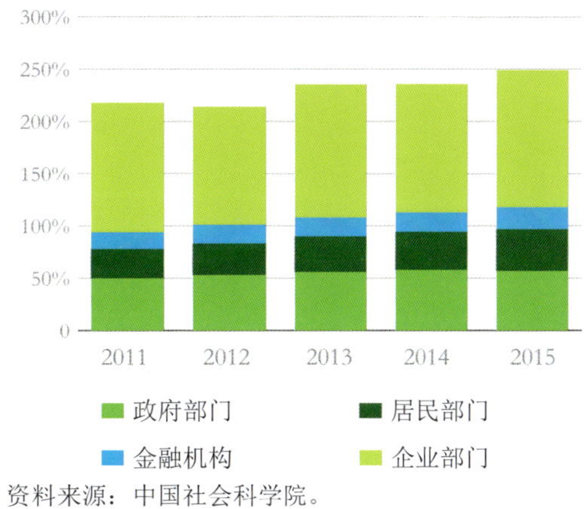

资料来源：中国社会科学院。

图3 银行资产质量风险上升

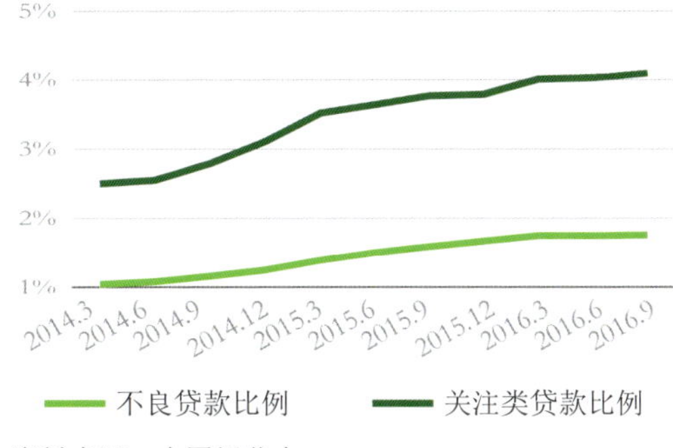

资料来源：中国银监会。

三、主动降速迫在眉睫

外贸、投资、消费三方面的发展趋势使 2017 年中国经济要实现预期增速目标有一定难度，因此国家领导人也在几次重要会议上开始逐渐淡化经济增长预期目标，即不必死守 6.5% 的增速目标。毋庸讳言，中国作为一个庞大的经济体，不如小型经济体“船小好调头”，因此调整进程可以循序推进，但是降低增速目标、调整经济结构仍至关重要，否则中长期风险将不断加大。

也许有人担心，降低经济增速是否会带来失业问题？事实上，目前中国劳动力市场状况已然发生改变，农村剩余劳动力迎来刘易斯拐点，不再大量向城市转移；人口结构步入老龄化，劳动力人口开始趋势性减少；逐渐崛起的新经济正吸纳更多的就业人口。这些因素导致中国劳动力市场供需在经济下行期依然较为平衡，2015 年城镇单位就业人员平均工资为 6.2 万元，2011-2015 年的复合增长率达到了 10.4%。

四、一贬到位稳定预期

人民币贬值引发资本加速流出是中国经济将继续面临的重大挑战。中国的外汇储备从 2016 年 1 月的 3.23 万亿美元连续降至 12 月的 3.01 万亿美元 。中国资本外流很大程度上来源于企业需要收购海外资产、趁人民币触底前偿还外债（中国企业外债总规模约为 1 万亿美元），以及居民增加海外资产配置。因此资本外流只是企业和居民面对汇率变动时的正常反应，政府不必如此忧虑。不过，汇率波动容易引发中国居民的羊群效应，如近年来蜂拥赴海外购险买房，这也意味着中国经济政策风向若发生逆转，带来的效应也相当之大。

面对愈演愈烈的人民币贬值潮，中国政策制定者应尽快使人民币一次性贬值到位，这可以稳定市场预期并节省大量外汇储备（见图4），也有利于使中国的成本优势重新显现，甚至带来资本回流。但如果中国决策者担心一次性贬值不能解决问题，将对金融市场造成冲击，引发居民恐慌购汇，造成恶性循环，这也使得他们似乎更倾向于温和渐进式贬值。尽管这一做法有其合理性（中国积累了巨额的外汇储备，就是为了在紧要时刻能有应对空间），但如今它遇到很大挑战。美联储超乎预期的加息节奏和特朗普政府的贸易保护主义将推高美元走势，人民币在2017年很可能继续走弱。另外，大宗商品和原油价格回升引发国内通胀压力，进而约束央行的降息空间，使得政策制定者不得不运用人民币汇率作为货币杠杆。

图4 一贬到位有助节省外汇储备

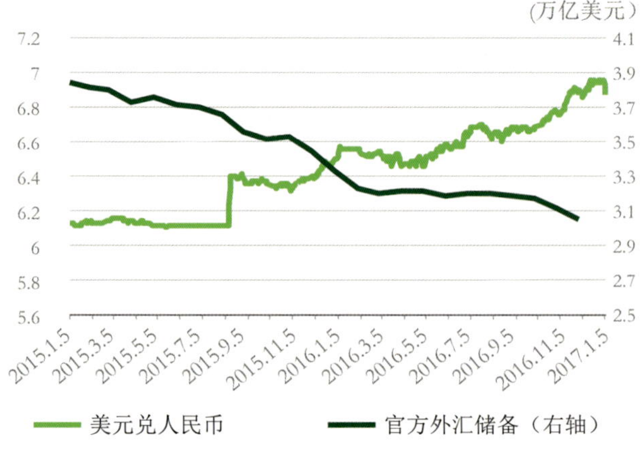

资料来源：中国人民银行。

五、倒逼改革激活投资

（一）降低营商成本，提振民间投资

2016年民间投资的突然失速引发市场普遍担忧。进入2016年以来，民间固定资产投资增速明显低于全社会固定资产投资增速，甚至还出现单月同比负增长（见图5）。作为经济发展最有活力的部门，民营企业对GDP增长的贡献率达到60%，对就业的贡献度达到80%，民间资本的投资下滑显示出企业投资信心的低迷以及对中国经济未来走势的不乐观。

图5 2016年民间投资和全社会固定资产投资出现偏离

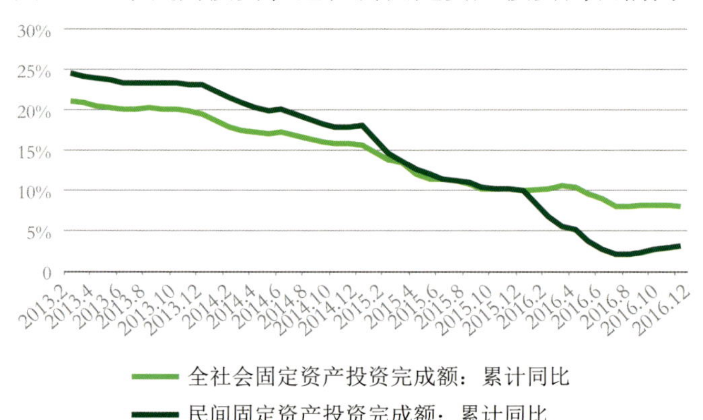

资料来源：国家统计局。

对于主力投资领域——制造业和基础设施，民间资本的投资意愿创下新低，这与传统行业投资回报率下滑、民营企业利润萎缩使得内源性融资能力不足，以及国有投资快速增长形成的挤出效应存在必然联系。德勤认为，私营部门投资动力不足，很大程度上是制度上的原因，例如民营企业的税负压力、制度性交易成本等。提振民间资本投资的一种行之有效的途径是降低企业税收和社保缴费负担。随着特朗普总统上台后连续向企业发出“大幅减税、减少监管”等信号，越来越多的美国制造业企业考虑回流本土。当

前中国民营企业面临高于新兴市场平均水平的税负压力，中国政府应思考如何降低税率，减少企业隐形成本，激发企业投资活力。

（二）深挖改革红利

外部环境愈是艰难，改革的紧迫性愈是显著。作为全球重要的经济体，中国经济体量和国内需求足够庞大，政府和民间的资产负债表也相对健康，但制度改革红利还未充分释放。中国仍处于结构性改革和增长方式转型的摸索过程，且改革进程不及预期。反观美国，新一届领导班子将由一群商人和鹰派军人组成，虽然执政年限相对较短，但可以预见新政府的政策导向将围绕“亲商”“重增长”和“弱监管”。金融危机后，美国经济之所以显示出如此强大的修复能力，很大程度得益于其完善的产权制度和法律保障机制。中国政府从中可以借鉴的是如何在制度层面提升企业投资动力、激发企业创造精神；完善市场机制，打破市场壁垒，向民间资本开放更多国有资本垄断领域；保障民营企业投资收益。

（三）新型城镇化释放内需潜力

不同于上一波以农民工进城务工为标志的劳动力迁移，新型城镇化更强调人口城镇化，即农业人口向城镇人口转变时催生的消费和生活方式的城镇化。农民工人群蕴藏着巨大的消费潜力。首先消费水平逐年提升；其次随着消费环境和消费能力的改善，农民工群体消费升级的需求大幅提升，从传统物质消费向娱乐、文化、教育等精神消费升级；再次，农民工内部消费群体结构也发生较大分化，二代农民工的消费潜力被明显低估，其消费支出占收入比要显著高于平均水平。

得益于近几年城际铁路、高速公路的建设，中国已形成了数十个城市群，这些以省会城市为核心，重要城市为节点向外辐射的城市群是此轮新型城镇化的主要表现形式。便利和低成本的交通通信，使得大量城镇外消费力向中心城市靠拢。不仅如此，中国的城镇化还呈现梯度发展趋势，即根据东、中、西部和一、二、三线城市层级划分以阶梯式推进，未来中西部地区三线以下城市将是城镇化的主力。城镇化的梯度式演进和城乡消费习惯的差异性，将在今后释放巨大的消费潜力。

六、行业增长机会

（一）积极参与全球价值链重塑

贸易保护主义的抬头并不意味着全球化的终结。过去 20 年，全球化是科技革命及其所推动的产业升级和全球价值链再分配的过程，且以美国为主导。但在新的全球化趋势下，中国将以更积极的姿态参与国际经济、货币、贸易和政治秩序重塑中，例如已经开展的人民币国际化、“一带一路”战略等。具体到企业层面，在经历了过去 40 年的学习积累后，中国本土已经涌现出一批技术实力雄厚、管理水平先进，占据相当比重市场份额的行业龙头企业，尤其在 IT 硬件制造、工业机械、基建建筑、纺织、汽车零部件以及新兴的互联网领域，这些企业成为中国“走出去”的中坚力量，将积极参与全球价值链的重塑，并有望引领新的全球化进程。

（二）新兴技术改造传统经济

科技创新至关重要，无论是业已成熟的互联网、大数据和云端技术，还是最近兴起的物联网、人工智能、虚拟现实技术，都是每一轮产业革命背后的催化剂。德勤认为，新兴科技势必将引发生产方式和商业模式的变革，继而传导至消费需求的变化，但任何形式的技术创新都不能脱离实业而孤立存在。新兴技术并不会改变商业本质，关键是否能帮助实体企业以更低的成本和更高的效率创造收益，并在全球价值链升级的进程中抓住机遇。

（三）自动化取代人工

人口结构的变化和产业升级的需求都在表明，机器取代人工的趋势不可逆转。近几年中低端劳动力出现较大缺口，二代进城务工者不愿意从事重复性、低技术含量的低端工作，使得制造业企业的劳工成本大幅攀升。更为关键的是产业转型的巨大压力逼迫企业投资大规模的自动化和智能化装备，以提升生产效率和竞争力。今后随着工业自动化渗透率的提升以及实现规模效应后成本的下降，工业机器人的经济性将显著优于人工。

（四）服务老龄市场

人口内部结构的变化必将引发家庭储蓄、金融资产需求和消费结构的变化。老龄化趋势下，消费支出更多侧重养老、医疗保健、休闲旅游、文化等消费品开支，相对减少房地产、交通设备等花费。老龄人口有其特殊的投资需求和风险偏好，但考虑到居民部门资产配置最集中的两大领域——房地产和银行存款的收益趋于平缓，追求资产增值的老龄人口有望增加对保险、基金、信托等金融资产的需求。

七、总结与展望

2017 年是中国政治日程中的关键之年，中共十九大将在 2017 年下半年召开，这使得政府官员对于经济增速放缓、人民币贬值问题非常敏感。其实政府毋需对此类问题过于忧虑，我们建议把经济增速目标从目前水平下调到一个更可持续的数字，重视金融资产质量问题，加强防范金融风险。我们预计 2017 年中国经济增速将回调至 6.2%；通胀压力将逐渐显现，突破 2.5%~3%；人民币对美元将继续贬值，预计人民币对美元汇率将在 2017 年达到 7.3~7.4。

总之，2017 年中国经济挑战与机遇并存。面对企业高杠杆、楼市震荡、外部环境不确定性增加等风险，我们建议政府尽快推出真正的供给侧结构性改革，特别是推进国企改革取得实质性进展，继续在去产能、去库存、去杠杆上持续发力，才能为中国经济提供长期的增长动能。

特别致谢：
本报告部分观点得益于与方瀛研究与投资（香港）有限公司总裁徐莹的访谈。特此致谢！

许思涛 | 德勤中国首席经济学家 合伙人　　sxu@deloitte.com.cn

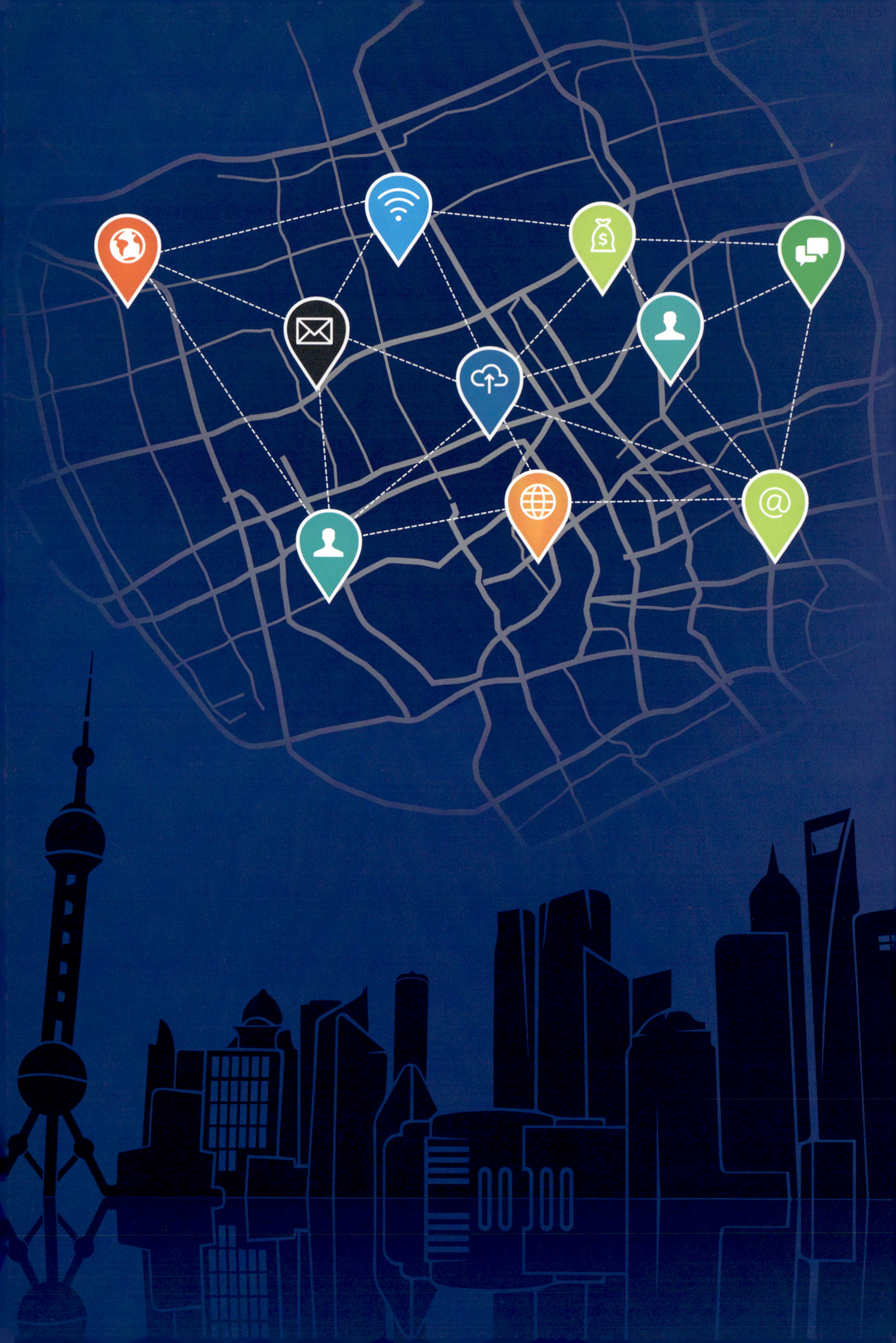

在全球制造业价值链重塑的过程中，以美国为主导的北美地区和以中国为增长龙头的亚太地区在制造业的竞争日趋激烈，但中长期看，积极寻求转型升级的中国市场仍为外商投资首选。

中国制造业重建比较优势

——对话霍尼韦尔

文／许思涛　吴燕子

全球制造业竞争格局已然发生改变，先进制造技术成为竞争力的关键。特朗普（Donald Trump）当选后提出了一系列吸引制造业回流美国的措施和贸易保护主义的论调，这给已处于激烈竞争的两大经济体之间的经贸往来带来了更大的不确定性。在全球制造业价值链被重塑的过程中，以美国为主导的北美地区和以中国为增长龙头的亚太地区在制造业的竞争日趋激烈。随着近几年中国经济增速放缓、内外需疲软，业界关于“外资撤离”“中国竞争力下降”“人口红利耗尽”的讨论非常激烈。中国仍能被看作“高增长”市场吗？中国是否由于劳动力成本优势的式微而失去了其在全球制造业竞争中的势头？在制造业智能化和信息化的进程中，中国能抓住时机，实现产业升级吗？

未来5年，为了实现“十三五”规划所制定的经济发展目标，中国供给侧改革进入深水区，市场环境将变得更为复杂；在新旧经济转型之际，传统产业的兼并重组和技术升级，给那些拥有核心技术和生产工艺的外资企业带去新的机遇。同时，改革所释放的消费潜力，则为外资企业创造了新的市场和增长空间。作为高科技制造业巨擘的霍尼韦尔始终敏锐捕捉中国转型升级所催生的新需求，并力图在中国产业链升级过程中扮演重要角色。

德勤研究就新常态下在华跨国企业的机遇和挑战、中国制造业转型方向等话题，同霍尼韦尔全球高增长地区总裁沈达理 (Shane Tedjarati) 进行了访谈。访谈内容节选如下。

中国仍然是全球经济的增长之源、成长之地

德勤研究（以下简称 DR）：*相对于 BRICS(金砖国家)，您此前提出了 Crest 概念（中国和世界其他国家），如何理解？*

沈达理：15 年前，世界正沉浸在“金砖国家”概念的狂欢中，这些新兴市场国家成为当时全球经济的新兴增长点，为外资企业带去实实在在的收益。在此期间，人人往往忽视了一点，中国所取得的成就是人类历史上前所未有的：①中国所创造的财富占金砖国总财富的 70%；②自 1978 年改革开放以来，中国每十年实现居民收入水平翻一番。③中国社会所经历的大规模变迁是全球其他国家所无可比拟的。

DR：*中国当前的经济增速目标 6.5% 是难以维持的，中长期看，我们不应该固守这一目标，而应该适当考虑下调 GDP 的下限。*

沈达理：中国经济以何种速度增长，都不会给霍尼韦尔的战略制定带去较深刻影响。从绝对增量来看，中国仍将是增长之源、成长之地。

DR：*您认为其他国家，例如印度、俄罗斯能够复制中国的成功模式吗？*

沈达理：我不认为任何国家能够沿袭中国的成功模式。首先，中国的崛起打破了西方学派的固有观点，即唯有照搬西方式民主的国家才能实现经济繁荣。西方国家长期以来对中国的经济发展模式报以观望姿态，直到 2008 年金融危机爆发时，发达国家普遍陷入经济衰退，中国经济尽管有所回落但在强有力的政策刺激下迅速恢复。那时西方国家几乎承认了中国不复制西方模式也能取得成功的事实。

过去十年，新兴市场国家都在研究并尝试借鉴中国模式，但都没有成功。例如，同为金砖国家，中国和印度的经济发展过程存在一个较为显著的差异：中国的土地制度允许政府有权买卖土地、规划土地，并在此基础上开展城市规划。但印度由于实行土地私有制，政府买卖土地和征地都受到很大阻力，这也造成印度基础设施建设远远落后于中国。几年前，印度政府因征地问题将孟买机场围绕贫民窟而建。除此之外，物流、清关、供应链等都是影响外资制造业在印度投资的重要考虑因素。如果印度政府想要提高外商投资的吸引力，就必须解决土地、基建、公路和港口问题。很多跨国公司最初进入中国市场寻求建立合资公司时，地方政府为吸引投资，可以承诺在土地、厂房、税收政策上提供一系列优惠措施。但印度政府官员不可能给予上述承诺。

中国制造业的竞争优势早已发生改变

DR：*为什么中国仍旧对外资企业有吸引力？*

沈达理：明显的，那些只是把中国当作廉价劳动力市场的企业遇到了发展的瓶颈。目前发展状况下，我认为对准备充分的企业而言，中国仍然是投资首选目标国。两三年前，有些跨国公司开始抛弃中国市场，并将此归咎于中国经济衰退、投资吸引力下降、政府

政策掣肘等因素。霍尼韦尔仍看好中国市场，我们努力成为一家“中国式企业”，中国市场是我们实现增长的驱动力，而非业绩下滑的替罪羊。

DR： *如何令中国模式更易被西方国家理解？*

沈达理： 数年前，霍尼韦尔在中国达成了一笔投资交易，该笔交易为美国创造了数百个高薪、高尖端的工作岗位。因此，在很大程度上，外资企业投资中国的同时也为本国带去利益，而并非简单的工作机会的转移。美国制造业工作岗位的流失同全球价值链再分配、技术创新和生产力革命有关。

DR： *您认为中国正在失去成本竞争力吗？*

沈达理： 在某些产业，中国的确正在失去成本优势，如从劳动套利角度而言，沿海等地劳动密集型产业正面临越来越大的成本压力，低技术含量的低端生产可以也需要转移到劳动力价格更低的国家。不可否认，越南、印度等新兴制造国家正在崛起，但中国的成本竞争力消耗殆尽仍需花费较长时日，中国在一些产业仍保有较高竞争力。值得注意的是，仅劳动力本身无法输出商品，需要依赖机器、厂房、运输和供应链等全套体系配合。例如劳动成本占据霍尼韦尔某些业务生产成本的60%，但效率、物流和供应链同等重要，并且存在较大的成本下降空间，有望成为制造业企业新的成本蓝海。为抵消劳动力价格上涨带来的压力，企业应对措施包括将工厂建在毗邻供应链中心的地带，实现以较低的成本获得更高的物流效率。

研发和创新应该“以人为本”，回归基本需求

DR： *您如何看待中国的产业转型和升级？*

沈达理： 中国政府鼓励知识经济，并积极推进中国向价值链高端攀升，这意味着制造业必须变得更加高效。在智能制造领域，霍尼韦尔最新的布局动向之一是侧重在物流和仓库自动化上。作为制造业升级的重要组成部分，智能互联仓储能够帮助零售商、制造商和物流供应商提高生产效率、削减成本。

转型中的中国有一系列亟待解决的问题，但归根到底是“如何才能真正实现可持续的发展”。中国的环境挑战对跨国公司和本土企业都将是一个巨大的创新、合作和增长的舞台。在能源与环境领域，我们相信中国可以加倍努力，譬如采纳更严格和领先的排放标准，倒逼传统企业加大创新力度，加快产业升级。对于一些新兴领域，如大数据、智能城市、物联网等，中国也有机会成为先行者。凭借市场的广度和深度，中国可以成为这些新技术、新应用的绝佳创新发源地。

DR： *中国本土企业应该如何在智能制造领域提升竞争力*

沈达理： 首先，企业要持续研发，并且做研发的时候必须努力寻找一个国家、一个市场最真实的需求。研发说到底最终是为要人服务。所以长期来看，企业的研发和创新应该着眼于解决人类生产和生活中最基本的问题，需要坚持以人为本，回归最基本需求。

其次，创新需要沉淀，不要为了创新而创新。经验告诉我们，工业制造类企业如果想要开发一项新的业务，开拓一块新的市场，并取得成功，必须要有一定的技术积累和沉淀，这一点是来不得半点虚假的，需要下苦功夫。在技术创新方面，企业不一定要追求“短平快”或“颠覆式”的技术革命，而不妨把握宏观趋势，相对专注于几个优势领域进行战略性的、持续性的研发和技术创新，并对相关工艺精益求精地持续改进。

DR：中长期看，哪些行业具有增长潜力？哪些要避免？

沈达理：任何与中国城镇化进程相关的行业都具有增长潜力，例如交通、能源、清洁能源、安全和安防等。未来20年，水和空气将成为中国消费者（尤其是中产阶层）最为关心的问题，任何与水、空气质量相关的产业创新都具有增长潜力。同时也看好节能减排、污染治理、健康、养老等产业。我们倾向于避免风口上的行业，例如每18个月就会被重新定义的消费电子产业，以及那些没有数字经济附加值的行业。

中美两国利益交织，合作共赢会持续

DR：您认为在未来哪个时间节点中国的经济总量将超越美国？

沈达理：这并不是一个我们会经常讨论的话题。纯数字层面，中国的经济总量终将取代美国，成为全球最大经济体，我们更多关注数字背后的意义。

DR：在新全球化格局下，您如何看待中美制造业竞争态势？

沈达理：中美关系会继续发展、增强，更加关注商业，这将对两国都有益。作为全球最大的两个经济体，中美两国利益交织，尽管有时候关系会紧张，但两国合作取得共赢的实际趋势会持续下去。

中美之间应该发展和平的经贸关系，鼓励美国投资者来中国投资以及中国投资者去美国。中美之间携手合作，共同解决问题，建立加强共赢的经贸商业关系不仅对两国而言很重要，对全世界而言也同样重要。因为，世界上最大的两个经济体的良好合作将会给全球经济和全世界人民带来繁荣。

沈达理

霍尼韦尔全球高增长地区总裁

沈达理先生负责推动霍尼韦尔在全球高增长地区，如亚洲、非洲、拉丁美洲、中东、东欧等地的业务拓展。

始于中国和印度，再至世界其他高增长地区，沈达理先生在促进霍尼韦尔于这些地区的成功发展中发挥着至关重要的作用。如今，这些高增长市场是霍尼韦尔全球业务增长的主要驱动力。

沈达理先生在咨询行业拥有20多年的资深经验，曾为各行各业提供过咨询服务。在加入霍尼韦尔之前，他曾担任德勤管理咨询公司大中华区总裁，期间他为中国国有企业及在华跨国公司提供战略咨询，帮助这些公司制定并实施可在国内外持续发展的企业战略。

沈达理先生是美国著名智库艾斯本研究所（Aspen Institute）的“亨利·克朗研究员”（Henry Crown Fellow），也是该研究所中东地区领导力项目及中国研究员项目的共同发起人，同时担任中国重庆、武汉市市长特别顾问，以及上海交通大学和美国麻省理工学院共同创办的双硕士学位项目“中国全球运营领袖项目”管理委员会主席。沈达理先生经常应邀就全球化相关话题发表演讲。

沈达理先生热爱飞行。他在中国生活了20余年，通晓六种语言。

许思涛 | 德勤中国首席经济学家 合伙人 sxu@deloitte.com.cn
吴燕子 | 德勤研究行业研究员 zwu@deloitte.com.cn

服装网购持续高速的增长孕育出了一批知名的互联网品牌企业，天生的互联网基因使其具有某些独特的优势，但是又面临着不少的挑战及瓶颈。面对国内和国际传统巨头的激烈竞争，这些互联网品牌企业正通过进一步的融合和创新来获得持续的增长。

互联网品牌的立命之本

文/ 龙永雄　陈　岚　李　铭

网络零售的飞速发展与实体零售的下滑形成了强烈的反差，线上和线下的不同趋势催生了经营模式的变革以及未来发展模式的思考。服装是在线购物起步最早、规模最大、发展最为成熟的细分品类之一，服装网购持续高速的增长孕育出了一批知名的互联网时尚品牌企业。易观智库对中国 B2C 市场服装服饰品类交易规模的追踪数据显示，2015 年 B2C 市场服装服饰品类交易规模已经达到 6549.8 亿元，在如此大的体量下，2016 年前两个季度该品类商品的交易规模仍旧保持着约 50% 的同比增长，远高于同期网络零售市场的整体增速。互联网时尚企业已经成为细分市场的重要力量，并开始尝试通过独特的经营理念来构建专属生态。

一、消费者成为市场的主导力量

过去 5 年，互联网改变了消费者的购买习惯和购买偏好。网络零售以超过 30% 的年均增长率飞速发展，随着智能终端的普及，移动零售渗透率快速提升。大数据技术的发展令消费者与消费品牌之间的互动更加便利、频繁和直接，影响消费者决策的营销渠道和方式随之发生改变。顺应这一趋势，零售渠道和消费品牌积极进行全渠道布局，不知不觉中，消费者替代产品 / 品牌被置于消费生态圈的中心。

对消费者的研究发现，以下几个趋势正成为影响消费市场的重要力量。

- 千禧一代逐渐成为消费主力。不断成熟壮大的千禧一代正成长为消费市场的中流砥柱，更大的消费欲望、更强的消费能力以及多样化的消费需求构成了新一代消费者的主要特征，而这些特征也将成为影响消费市场发展的重要因素。
- 中产阶层将引领中国步入崭新的消费时代。中国经济的高速发展为数以亿计的中国消费者带来了快速并且长期的收入增长，瑞信研究院数据显示，2015 年中国中产阶层在总人口中的占比达到了 11%，合计拥有的财富达到了 7.34 万亿美元，拥有的资产规模仅次于美国和日本的中产阶层，未来 5 年中国居民的财富仍将以年均 9.4% 的增速递增，由此引发的消费升级的需求将极大地影响消费品市场的整体需求结构。
- 科技变革重塑市场结构。以互联网为代表的科技变革同时也让中国消费者真正地获得了话语权，并由此催生出以消费者为中心的生态体系，消费市场传统的供需关系正在一步步被颠覆。科技的进步以及市场的快速发展产生了又一个主要问题——品牌的泛滥以及过度同质化。对于消费者来说，产品的选择以及购买的渠道空前繁多，虽然很好地满足了消费者的个性化需求，但多样化的选择以及同质化的产品无疑会动摇消费者忠诚度。

二、互联网时尚品牌快速发展

服装是在线购物起步最早、规模最大、发展最为成熟的细分品类之一，易观智库对中国 B2C 市场服装服饰品类交易规模的追踪数据显示，2015 年 B2C 市场服装服饰品类交易规模已经达到 6549.8 亿元，在如此大的体量下，2016 年前两个季度该品类商品的交易规模仍旧保持着约 50% 的同比增长（见图 1），远高于同期网络零售市场的整体增速，市场的持续高速增长对众多品牌企业的成长与壮大具有一定的促进作用。

图1 2013Q2-2016Q2中国B2C市场服装服饰品类交易规模

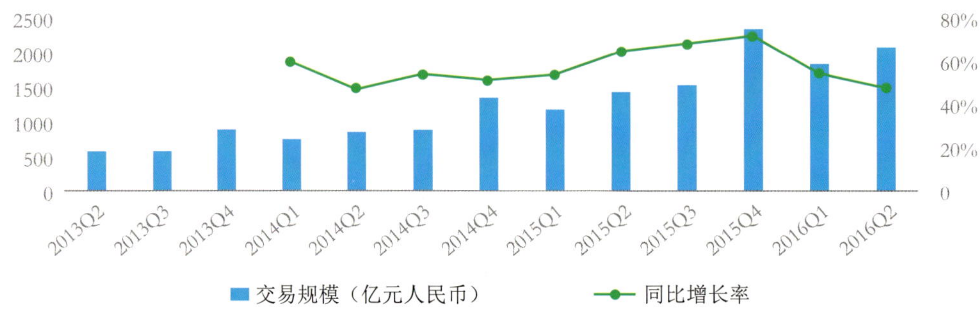

资料来源：易观智库。

2016 年以韩都衣舍、汇美、裂帛为代表的互联网时尚品牌公司先后向中国证监会递交了招股书，可以预见的是，通过成功登陆交易所，这些企业将会获得更加广阔的舞台和更加丰富的资源。经过了 8~10 年的发展，三家互联网品牌已经形成了相对成熟的管理模式和盈利模式，从营收来看，2015 年汇美和韩都的营业收入均突破了 10 亿元（见图 3）。

图2 三大互联网时尚品牌的子公司和品牌数量

图3 三大公司过去三年的经营状况（单位：亿元）

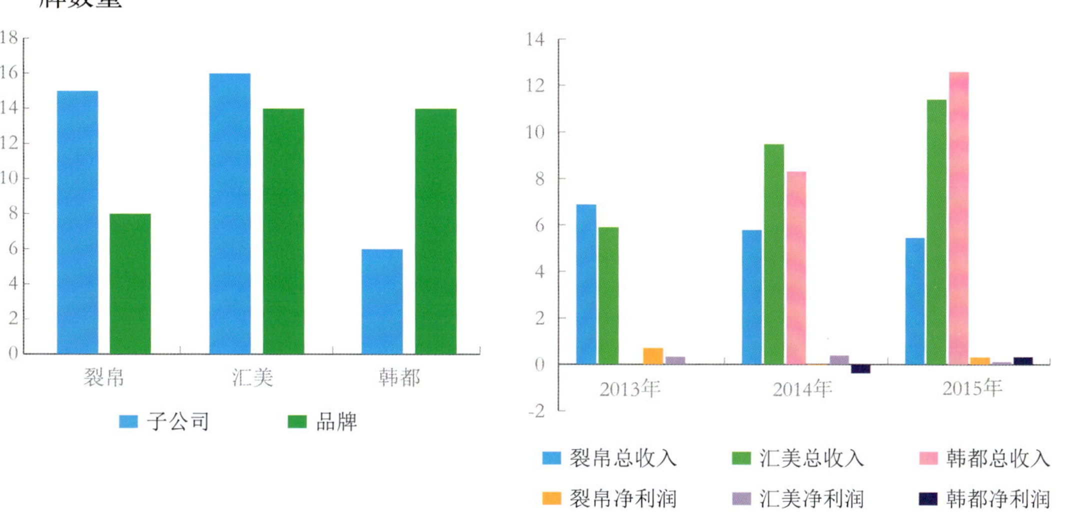

注：子公司及品牌数量截至 2015 年 12 月 31 日，韩都衣舍 2013 年经营数据未披露。
资料来源：招股说明书。

三、互联网基因助力互联网时尚品牌发展

互联网的兴起带来了无数的机遇与挑战，对于以互联网为依托的时尚品牌，互联网不仅为其提供了成长壮大的平台，同时也为这些新兴的品牌提供了企业运营、资本对接等方面的有力支持。

- **互联网为企业发展提供了高速发展的平台和广阔的发展空间**。在现有的巨大体量下，线上服装交易仍旧保持着快速的增长，消费者服装网购的习惯已经形成。中国互联网络信息中心对于网购用户购买的商品品类的调研显示，2015 年超过 79.9% 的网购用户都有在线购买服装鞋帽的经历，在所有品类中比例最高。
- **互联网基因助力智能化管理落地**。互联网同时也成为互联网品牌企业经营管理的利器。以供应链管理为例，相比以订货会为产量指导的传统模式，以韩都衣舍为代表的互联网企业能够在需求预测、产能分配、产品定价等多个方面做到更加精细化和智能化，在生产——销售的全流程实现智能化的过程管理（见图 4），在把握消费者偏好的基础上实现柔性供应，打造具有特色的柔性供应链体系。

图4 韩都智能应用案例（夏装）

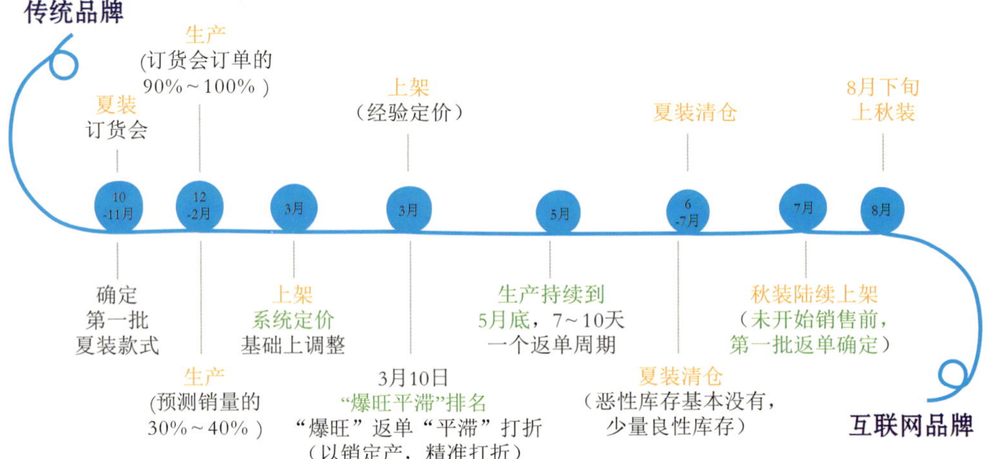

资料来源：韩都衣舍。

- **直接、长期、高效的消费者互动**。网络的交互性和开放性使得互联网企业能够更直接地与消费者建立关系，通过与消费者的互动获得更加精准的客户画像，并由此实现全面的客户关系管理。以汇美和韩都衣舍两大互联网服饰企业为例，这两家公司不仅是行业领先的服装公司，同时也是消费数据平台。通过多年的积累和尝试研发出了 BI 系统、IOM 系统（供应链管理系统）等多种系统，能够对消费者订单、在线评价和反馈等信息进行分析，通过大数据挖掘分析推动产品和服务设计创新，实现了线上运营端的消费者互动。在前端，韩都成立了韩都传媒，通过微博、朋友圈、直播平台等多种线上方式，进行品牌和产品的内容建设，并通过有效的爆点进行引爆传播。汇美集团则启动了“茵曼 + 千城万店”项目，实现了线下店全国 23 个省份 144 个城市的覆盖，截至 2016 年 9 月，该项目店铺销售额已经突破了 1 亿元，通过实体店的覆盖和粉丝社群的汇聚，茵曼向消费者传递着特有的产品、慢生活的生活方式和品牌价值观。无论是韩都衣舍专注的线上内容 + 引爆的推广方式，还是汇美集团全渠道下形成的粉丝社群等融入消费者生活模式的尝试，类似的努力都在使消费者与品牌的接触时间更长，对品牌的认知更加深刻，同时也使得互动的方式和场景更加多元。
- **构建生态系统的可能性**。相较于传统品牌，线上品牌的孵化以及培育过程相对更短，在成熟平台上进行嫁接和运营更加便利，成本也更加低廉。基于以上特性，以韩都衣舍为代表的互联网企业提出了以标准化产品运营服务为后端，内容经营为前端的平台建设理念，通过互联网二级平台的搭建将消费者与海量品牌对接，打造企业专属的生态体系，从而获得几何式的增长（见图 5）。

图5 互联网二级生态

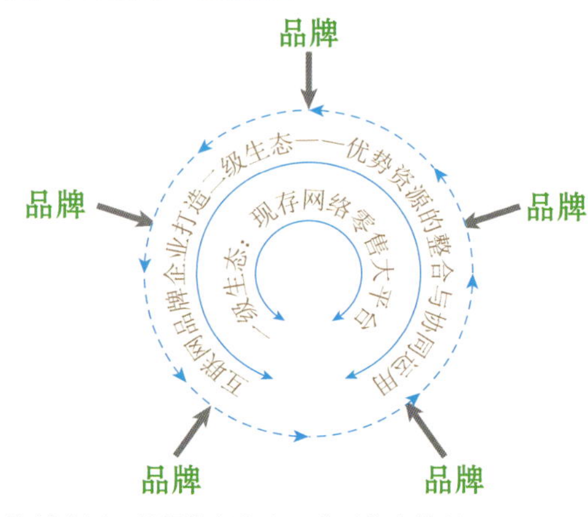

资料来源：根据韩都衣舍、公开信息整理。

- **资本支持**。伴随着互联网相关产业的快速爆发，持续的高增长预期使得互联网相关产业在过去几年受到了资本的高度追捧，大量资金的涌入为互联网企业的进一步发展壮大提供了有力的支持。清科私募通数据显示，2011-2015 年间，B2C 相关电子商务企业融资数量始终保持在较高水平，相较 2015 年，2016 年前 9 个月融资数量虽然有所下滑，但是由于部分大金额交易的缘故，总融资金额出现了快速的攀升，整体来看，资本市场对互联网企业的发展提供着持续的支持。

四、互联网时尚品牌 vs. 本土传统时尚品牌

随着网络购物的逐渐成熟以及消费者习惯的养成，在线服装市场已经成为极具影响力的一个细分市场。但不可忽视的是，传统线下品牌仍旧是市场中的主导力量，随着全渠道进程的深入，二者的竞合关系更加多元。为了更好地了解不同类型企业的发展现状和发展趋势，德勤对代表性企业的经营模式、盈利状况、营运状况、资本市场运作等方面进行了对比研究，得出以下结论。[1]

- 互联网品牌企业侧重多品牌、网络销售渠道经营，延伸能力强。样本企业在生产方面都是以自主设计为主，并通过外包生产占据微笑曲线的高收益端。不同的是在品牌源头上，传统企业更加注重对自有品牌的经营管理，品牌数量相对较少。相比之下，互联网企业拥有的品牌数量众多，并且致力于孵化平台建设和生态构建（见图 6、图 7）。在供应链上，互联网品牌去掉了传统品牌多层级中间商的模式，同时将网络销售数据及时反馈到生产环节从而达到调节产出降低库存的效果。未来互联网品牌和传统品牌发展方向趋向全渠道融合和多元延伸。一方面传统品牌线下销售增长空间不大，促使其向网络渠道发展。另一方面，互联网品牌在网络上的推广成本成为盈利的障碍，促使其向线下以及产业链延伸寻找新增长点。

图6 传统品牌的经营模式

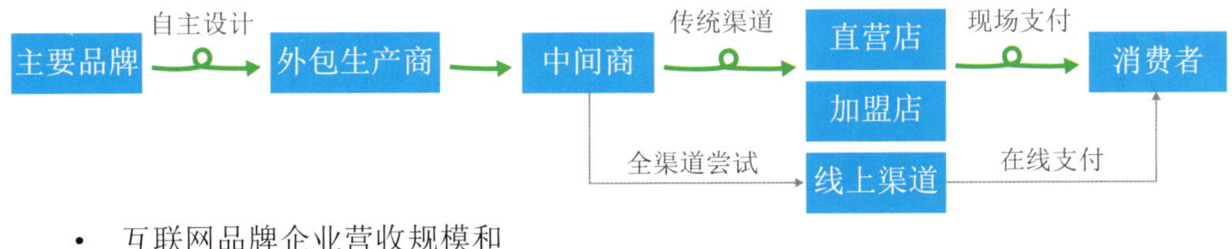

- 互联网品牌企业营收规模和资产规模相对较小，但总资产周转率更高。国内领先的互联网品牌企业如韩都衣舍、汇美集团与知名的传统时尚品牌如美特斯邦威、森马服饰在营收规模和资产规模上存在明显的差距（见图 8），后者的营收规模为前者的 5~8 倍，对全国广泛的实体覆盖以及更长的发展周期在一定程度上成就了这些企业的规模。但是互联网品牌企业的总资产周转率明显高于传统时尚企业（见图 9），更高的资产周转率在一定程度上说明，互联网品牌企业能够通过更低的资产投入带来相对更高的销售规模，这一方面可以归咎于互联网品牌企业更轻的资产结构，另一方面也与这些企业的智能化供应链管理密不可分。

图7 互联网品牌的经营模式

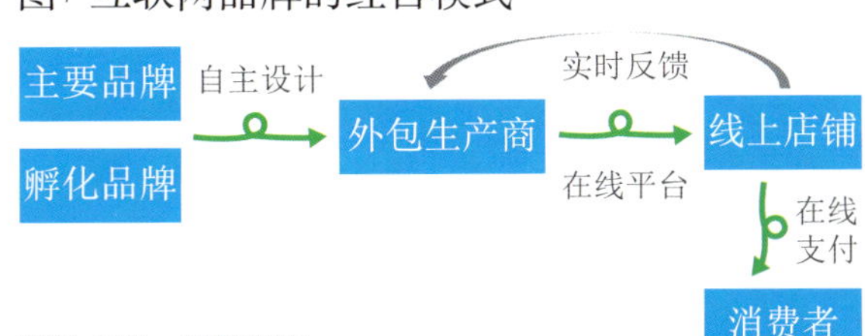

资料来源：德勤研究。

图8 代表性企业的资产和营收规模对比（2015年）

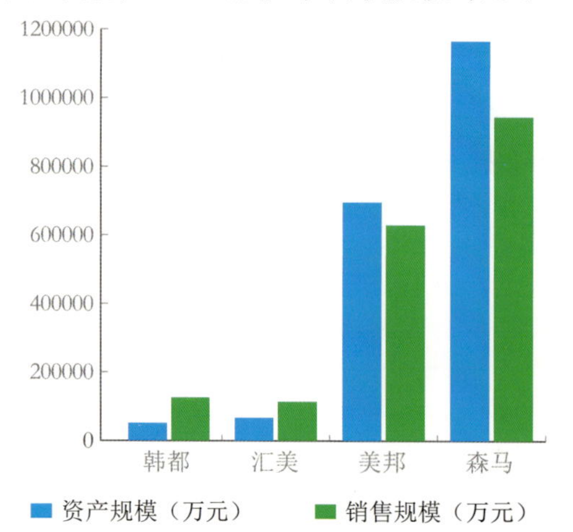

资料来源：Wind 资讯，招股说明书。

图9 代表性企业总资产周转率对比

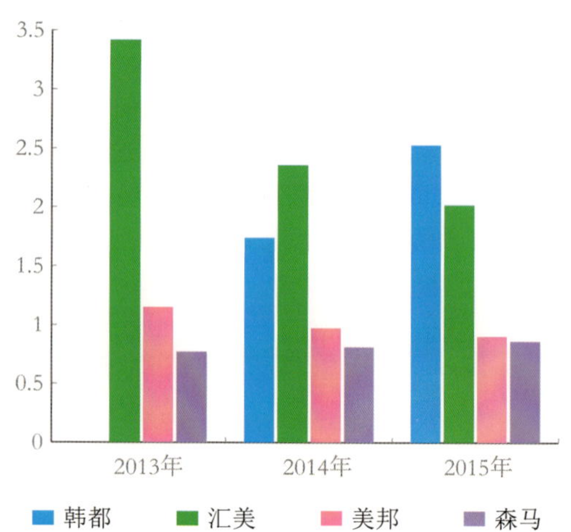

- 互联网品牌企业盈利能力有待提高。虽然主打线上渠道的销售方式让互联网品牌避免了大部分的商铺租金费用，但互联网品牌企业并没有展现出比传统品牌企业更强的盈利能力。2015 年年报显示，韩都和汇美的净利润率为 1%~2.7%，而传统服装企业（选取森马、海澜之家、七匹狼、贵人鸟、美邦服饰、歌力思、朗姿、柏堡龙 8 家样本企业）的平均净利润率为 12.50%，中位净利润率达 15.61%，差距十分明显。对成本费用的分解显示，互联网品牌与传统品牌在毛利率方面没有明显的差异，但销售费用的差异导致了净利润的巨大差别（见图 10）。互联网品牌企业虽然节省了大量的商铺费用和租金费用，但也因缺少线下实体店的渠道和天然推广，需要在网络平台上投入大量的资源，其中不仅包括平台的使用费用，也

图10 互联网品牌和传统品牌利润表主要项目占营收比例拆解（2015年）

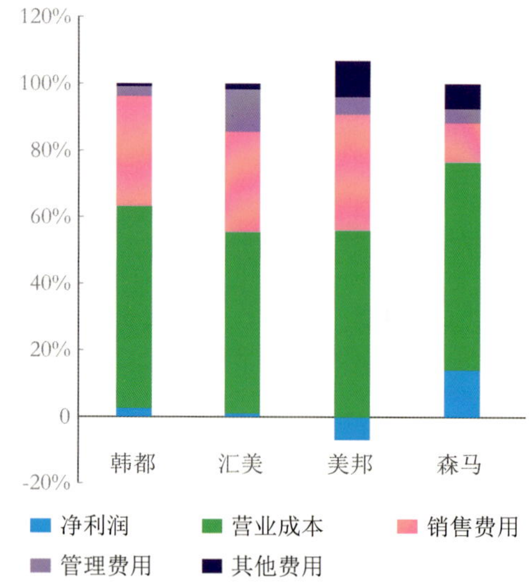

资料来源：Wind 资讯，德勤研究。

图11 互联网品牌和传统品牌销售费用主要构成以及占营收百分比拆解（2015年）

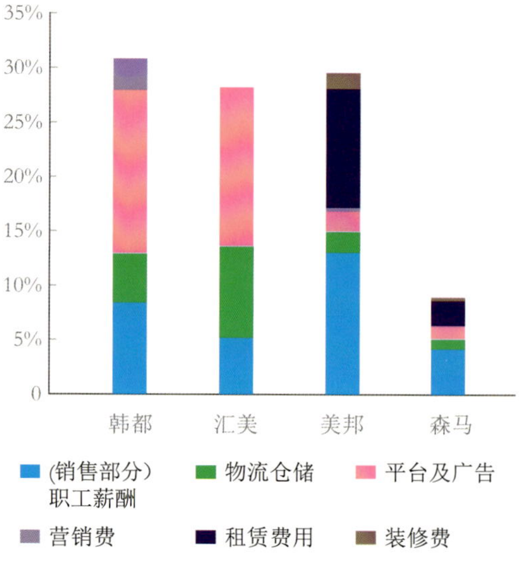

资料来源：公司年报，招股说明书。

包括高昂的广告费，同时互联网品牌由于品牌形象树立以及强化的需要，在明星代言人方面投入也很高。此外，由于销售和配送方式不同，互联网品牌需要在物流和仓储上支出的费用更多（见图 11）。

- 互联网品牌经营现金流稳定性较差，对外部融资依赖度较高。互联网品牌企业现金流数据显示，盈利的波动以及所处的高成长阶段使得该类企业在产生稳定的经营性现金流方面能力不足，需要依赖外部融资或借债补充资金，来满足进一步扩张的需要。2014 和 2015 年，互联网品牌企业业务的快速扩张导致经营支出上升以及应收款项上升，最终导致韩都和汇美在经营活动上产生了负现金流。由于没有稳定的经营性现金流入作为支撑，互联网品牌目前还依赖于外部资金对经营和扩张的支持，而传统品牌如森马可以产生相对稳定的经营现金流，同时多年的经营也使得企业积累了相当规模的货币资金用于日常周转，对外部资金的依赖较弱。由图 12、图 13 和图 14 可以看出，韩都和汇美在吸收投资、取得借款以及偿还债务方面都较为活跃，资本市场的支持为企业的高速发展提供了助力。

图12 吸收投资现金流占总资产比例对比

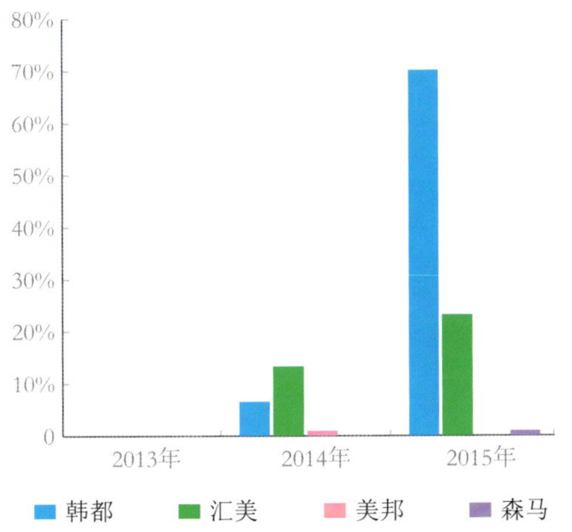

图13 取得借款现金流占总资产比例对比

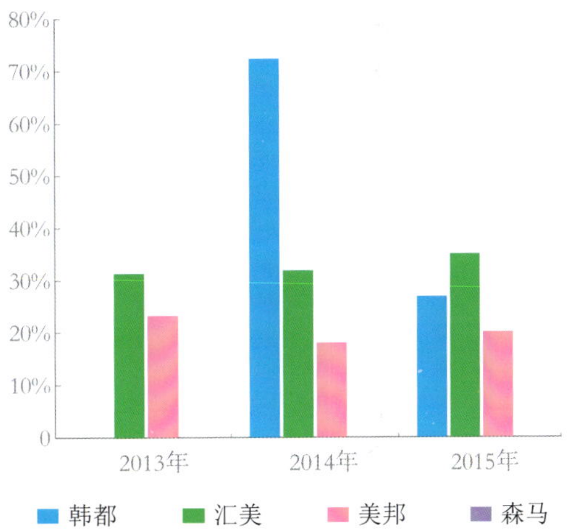

图14 偿还债务支付的现金占总资产比例对比

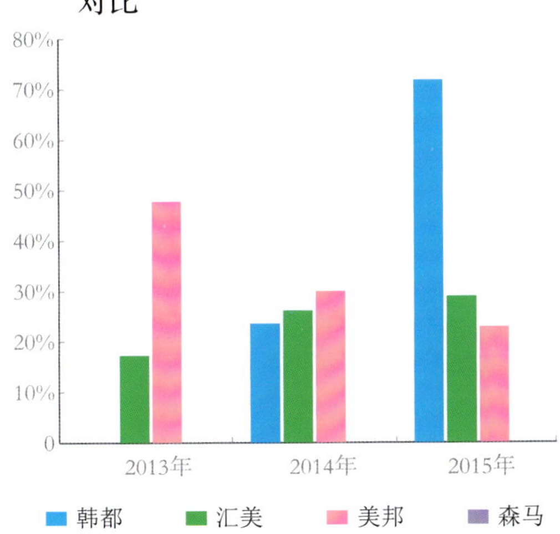

图15 经营活动产生的现金流与净利润对比

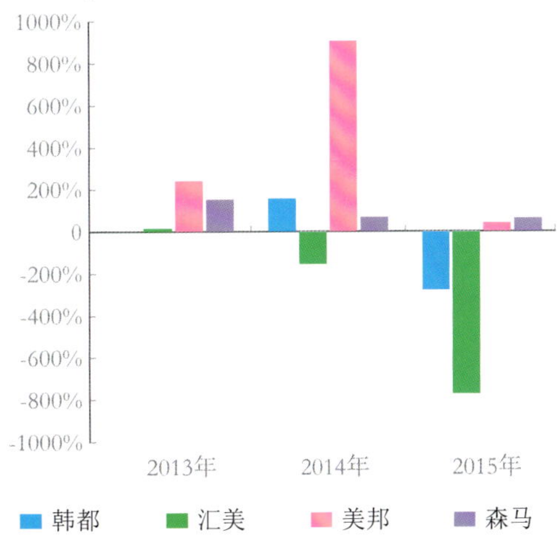

资料来源：Wind 资讯，德勤研究。

五、互联网时尚品牌 vs. 国际传统时尚品牌[2]

图16 2015年各时尚品牌利润率对比

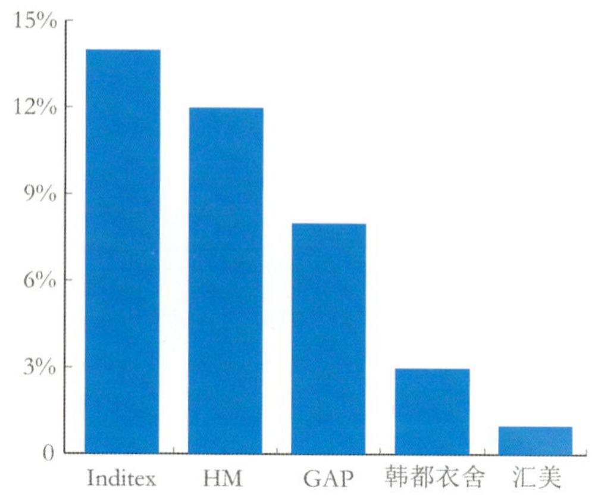

资料来源：Wind 资讯，路透。

- 国际时尚品牌拥有超高的利润率。在利润率方面，国际时尚大牌仍因为品牌溢价优势而处于领先地位，2015 年年报显示，Inditex、H&M 与 GAP 的利润率分别为 14%、12% 和 8%，而韩都衣舍与汇美仅为 3% 和 1%（见图 16）。Inditex 超高的净利润率可归结为高于市场的产品价格和较低的成本支出。
- 供应链方面各有特色。在供应链方面，国内互联网品牌与国际品牌相比各有特色，国内品牌承接互联网的基因而在消费者偏好获取方面有先天优势，ZARA 则通过独特的实体店管理与反馈机制以及与国际顶尖学院的合作获得了强大的供应链管理能力以及在预测销量和库存管理等方面的效率。
- 传统门店销售渠道向全渠道模式转变。2015 年 Inditex 的营收上涨 18.7% 至 1498.6 亿元，销售的上升得益于新店的开设与店内销售收入的增长，同时线上销售也功不可没。ZARA 销售渠道的转变反映了传统线下品牌向线上延伸的趋势，随着传统品牌的全渠道进程逐步完善，企业间的竞争将更加激烈，国内时尚品牌将面临更加直接的国际时尚品牌冲击。

基于上述研究，德勤发现，由于成长环境的明显差异，互联网品牌企业的经营模式与国内以及国际传统时尚品牌企业都有着明显的差异。互联网品牌以互联网为依托取得了快速的增长，通过网络与消费者建立了更加直接的互动，并开始向着智能化和生态化发展。相对扁平的渠道使得互联网品牌在运转上更加高效，但是当前网络渠道较高的销售费用也对这些企业的持续盈利带来负面影响。同时国内的传统品牌企业也在积极进行转型，通过渠道、产品、管理等方面的优化，大大提升了企业的经营业绩与经营表现。未来强势的国外品牌、转型升级中的国内传统时尚品牌与快速发展的互联网品牌将在多种渠道展开更加激烈的竞争，对消费者的把握、供应链的优化提升以及经营模式的完善仍将是企业发展的核心。

六、互联网时尚品牌面临的挑战

通过上述的分析，我们发现，随着中国经济增速放缓、人口红利的消失和消费群体的不断变化，互联网时尚品牌也面临着众多的发展问题。

- 中国人口红利消失，零售消费品市场整体进入“存量”年代。中国人口红利自 2012 年出现拐点以后日渐式微，消费品市场增长陷入胶着状态。中国零售消费市场从跑马圈地的粗放式经营向精耕细作的“存量”整合和产业提升转型。这意味着互联网时尚品牌相对于传统服饰品牌的价格优势逐渐丧失，而德勤调查显示价格仍然是吸引互联网用户的最重要因素。

- 互联网时尚品牌定位模糊，产品同质化竞争激烈。大多互联网时尚品牌创立的时间不长，品牌内涵和文化尚未很好建立和传递。同时互联网时尚品牌热衷于快速孵化面对不同消费群体的子品牌，子品牌相互之间缺乏协同，不仅没有达到规模经济效用，反而稀释了原有的品牌影响力。互联网品牌产品同质化竞争激烈，拼的还是价格，牺牲的是企业利润和品牌形象。
- 互联网时尚品牌全渠道建设困难重重。与传统时尚品牌的发展路径不同，互联网时尚品牌从诞生之日起就是全国性品牌，基因里就不存在所谓的地域区隔，如果铺设实体旗舰店网络，即便只是覆盖重点城市也需要相当规模的投资。同时随着以 ZARA 和优衣库为代表的国际品牌互联网化程度的提升，互联网时尚品牌的渠道优势也受到直接挑战。
- 主力消费人群成长，互联网时尚品牌可能遭遇升级尴尬。随着 85/90 后“千禧一代”消费者进入他们的盛年（30~45 岁），主力消费人群告别“屌丝”进入“中产”，“得屌丝者得天下”的窗口期关闭。互联网时尚品牌的产品定位面临新的选择。

七、互联网时尚品牌的下一步

- **平台化，构建行业生态**。对于互联网时尚品牌而言，单打独斗很难应对日益高昂的运营成本和来自线下线上的激烈竞争。互联网时尚品牌迫切需要汇聚优势资源，理清各利益相关方之间的关联，构建行业生态（见图 17）。通过打通供应链、延长价值链，互联网时尚品牌有望提升品牌形象，提高整体生态品牌的市场占有率，构建安全边界。

图17 韩都生态

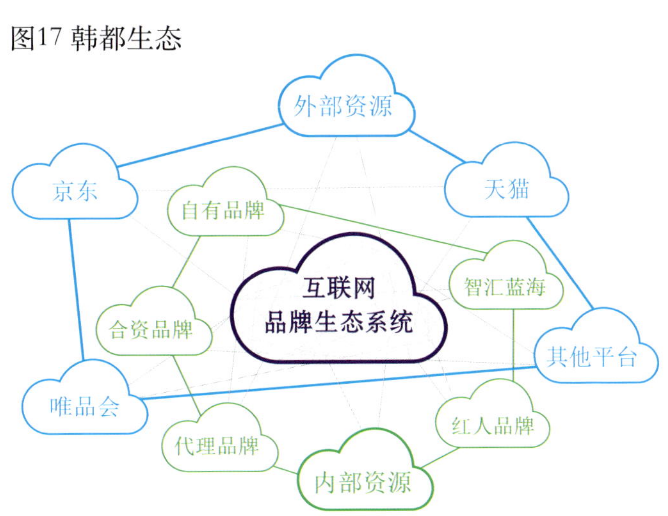

资料来源：韩都衣舍。

- **小而美，专注细分市场**。与构建平台生态相对应，互联网时尚品牌也可以选择“小而美”路径，专注于某个高度细分的市场（见表 1）。如前所述，“千禧一代”消费者有极强的个性化需求，消费者群体本身就是高度细分的。如何能够顺应消费者心理，集中优势资源专注于潜力细分市场，尽可能地成为该细分领域的龙头，就显得更为关键。

表1 细分市场龙头

公司	细分市场	市场占有率	营收（2015年）	数据来源
滴滴	专车市场	95%	61 亿元	多来源测算
三只松鼠	食品电商	约 10%（估算）	超过 42 亿元	多来源测算
十月妈咪	孕妇服装行业	7.2%（占品牌孕妇服装市场）	2.71 亿元	招股书
韩都衣舍	互联网时尚品牌	-	12.6 亿元	Wind 资讯
红领集团	服装定制	-	营收排名 14，仅次于森马	《2015 年中国服装行业销售百强榜》

- **内容为王，IP 运营吸引流量**。如果说此前的主力消费人群购买的标的物是商品本身，那么“千禧一代”消费者购买的标的物是商品所带来的体验和由此延伸的价值认同。这种消费逻辑成为以“网红经济”为代表的内容传播模式爆发的土壤。移动社交媒体实现了高度垂直方式精准营销，通过高频次的内容展现和分享，提高流量的转化率。

表2 获投资的网红

公司	细分市场	市场占有率	营收（2015年）
内容 IP	2014 年 9 月	暴走漫画	C 轮数千万元人民币
	2015 年 8 月	关爱八卦成长协会	A 轮 1000 万元人民币
	2015 年 10 月	罗辑思维	B 轮融资 金额不详
	2016 年 3 月	Papi 酱	1600 万元投资
	2016 年 3 月	同道大叔	数百万元投资，估值 2 亿元人民币
流量变现	2015 年 10 月	如涵电商	B 轮 1200 万元人民币
	2016 年 5 月	缇苏电商	B 轮 3000 万元人民币
	2016 年 6 月	狂战贸易	A 轮 4000 万元人民币

资料来源：搜狐。

- **打破边界，线上线下全渠道融合**。在以消费者为中心的新的零售生态中，线上和线下的边界将被彻底打破。对于消费者而言，从任何渠道购买的相同产品都应该在质量和价格上保持一致，服务体验是无缝和极度便利的。在互联网时尚公司中，对于是否应该走向线下和以何种方式何种程度向线下扩展见解不同。但是，基于互联网时尚品牌先天在品牌辨识度和消费者忠诚度上的短板，我们认为线上线下的融合是必经之路。互联网品牌线下拓展有几个优势：①互联网品牌在大数据、智能化技术、粉丝社区和创新营销手段上更有经验，能为粉丝提供更好的线下购物体验。②对于线下店铺的激励和管理可以采用丰富的信息技术手段，对消费者实现线上线下一致的无缝服务。

龙永雄 | 德勤中国消费品及零售行业主管合伙人 dalung@deloitte.com.cn
陈 岚 | 德勤研究总监 lydchen@deloitte.com.cn
李 铭 | 德勤研究消费品及零售行业研究员 alarli@deloitte.com.cn

尾注

1. 本部分采用样本分析，互联网品牌企业选取韩都衣舍和汇美集团，传统时尚品牌企业选择森马和美邦服饰。
2. 本部分采用样本分析，互联网品牌企业选取韩都衣舍和汇美集团，国外时尚品牌企业选择Inditex、H&M 等。

NEWS
FILM

《2016德勤中国移动消费者调研》全面分析了消费者与移动数字设备的供求关系，指出运营商、设备制造商、应用开发人员和移动通信行业生态圈内的企业所面临的机遇与挑战。

解密移动消费者的套路

文/ 林国恩　钟昀泰

近年来，移动设备已俨然深入消费者的日常生活，全球近八成消费者拥有智能手机，并与生活场景深度融合。各种应用不断拓展，成为人们工作生活不可或缺的一部分。各类移动设备持有率逐年上升，推动了全球移动消费的攀升，预计 2018 年全球移动互联网市场规模达 8500 亿美元。而网络作为移动消费的基础在 2016 年经历较大变化，4G 网络覆盖用户大幅增加，已从主流方向进入深入普及阶段，普及率跃升至近九成。这一变化主要由政府“提速降费”政策、运营商针对 4G 的营销策略以及移动互联网时代对网速的要求大幅提升三大因素所造成。

由于中国消费者对移动消费的接受度高于发达国家，新设备在中国的发展相对更加迅速。借助 4G 网络的深入发展，移动消费习惯也在进一步加深，中国在移动消费领域将继续领跑全球。德勤在 2016 年通过收集 2000 名中国用户的移动消费信息，研究了消费者与移动数字设备的供求关系，发现可穿戴设备、VR 设备与智能手机市场正经历重大变化与重构。

首先，可穿戴设备向主流迈进，持有率大幅增长逼近平板持有率，大众接受度普遍上升，青壮年群体成为购买主力，若保持此态势，未来一年内极有可能超越平板，甚至成为继智能手机之后电子产品消费的新增长点。其次，VR 设备领域受到市场高度关注，大型互联网企业与初创型企业纷纷涉足，但由于价格因素普及率依旧较低，刚性需求尚未形成，消费者普遍通过购买中低端产品满足好奇心理。目前 VR 急需解决的问题涉及整体生态圈，尽管已经有了一些硬件与内容，但总体来说尚未成气候，仅能温和增长。再者，国产智能手机崛起，通过差异化策略首次实现以 59% 的持有率反超进口手机品牌，华为手机持有率已超苹果，成为中国市场最受欢迎的手机品牌。从用户推荐意愿来看，国产与进口手机口碑不相上下，未来国产手机有望立足国内市场，凭借此天然优势紧密追踪消费者需求，进一步扩大持有率差距并最终替代进口手机。

在可见的未来，中国已成为驱动全球移动消费市场增长的关键因素。随着生态圈内企业立足用户需求尽心产品优化创新，中国必将在全球市场扮演更重要的角色，引领世界移动消费潮流。

一、可穿戴设备——热度急升，奔向主流

穿戴设备正向主流迈进，设备持有率从 2015 年的 32%上升至 47%（见图 1），呈现了较大幅度的增长，逼近平板（53%），若保持此态势，未来一年内极有可能超越平板的持有率。在未来的 12 个月，智能手表（49%）将成为消费者最有可能购买的可穿戴设备，智能手环则位居第二（39%）（见图 2）。

图1 移动设备持有率

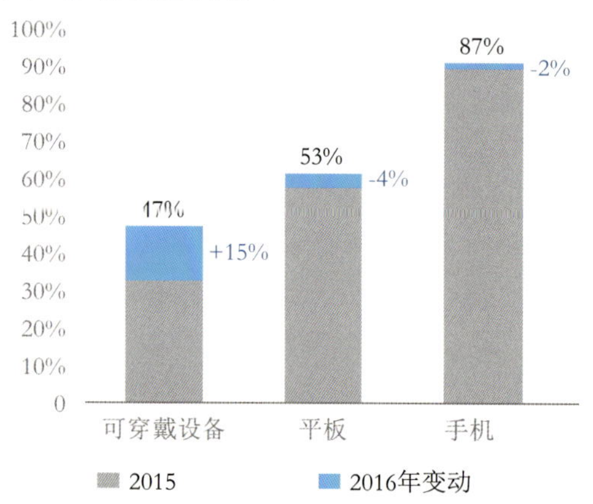

图2 未来12个月内愿意购买的可穿戴设备

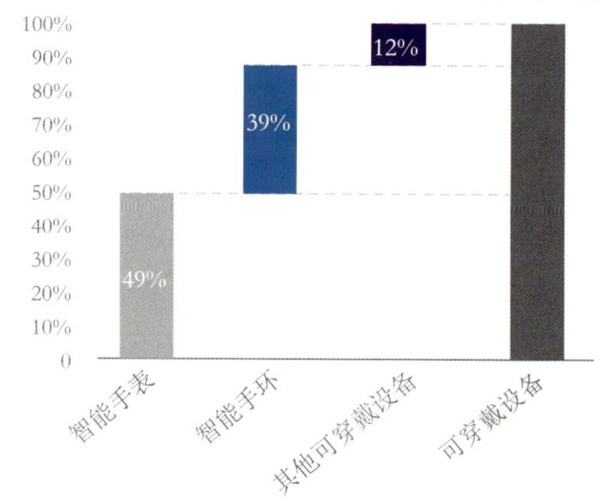

从购买群体的角度来看，青壮年群体是购买主力，25~34 岁占 31%，35~44 岁的 34%（见图 3）。总体来说，当智能手机普及且饱和之后，可穿戴智能设备将成为电子产品消费的下一个新增长点。

因此对制造商来说，随着技术的发展，过去可穿戴设备的缺点如续航能力差等缺陷经过不断迭代，已经从产品层面上获得基本解决，同时实用的功能也不断扩展。从数据

图3 不同年龄未来12个月内购买智能手表的意愿

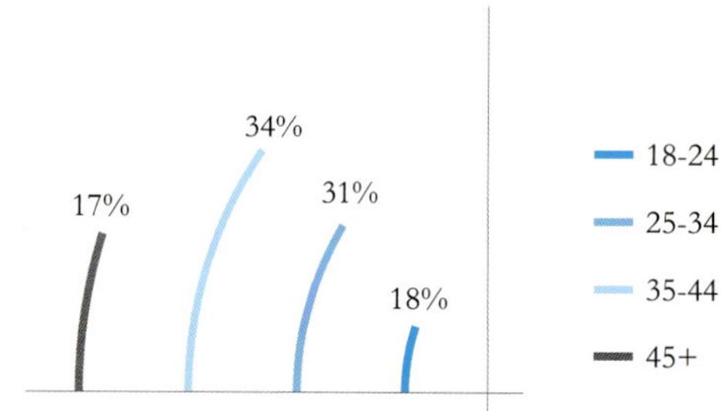

可以看出可穿戴式智能设备开始被大众所接受，然而目前智能手表和智能手环同质化较为普遍，竞争也日趋激烈。因此，提高产品认知度，拓展功能的研发，是市场普及的核心要素。由于可穿戴设备的大众消费市场进入门槛低，创新者众多，以及产品生命周期短，预计在未来会有更多的企业进入此市场，造成较大的波动。因此，设备制造商需积极探索差异化细分市场，满足用户个性化需求，使消费者明确了解其定位和价值，才能在市场上占一席之地。

二、虚拟现实（VR）——缓步增长，中端领跑

目前拥有 VR 设备的消费者占比不足两成（15%），此数字低于电脑（93%）、手机（87%）和平板（53%）这三大传统数字设备，同时也远低于近几年崛起的可穿戴设备（47%）（见图 4）。

图4 VR设备持有率与其他数字设备对比

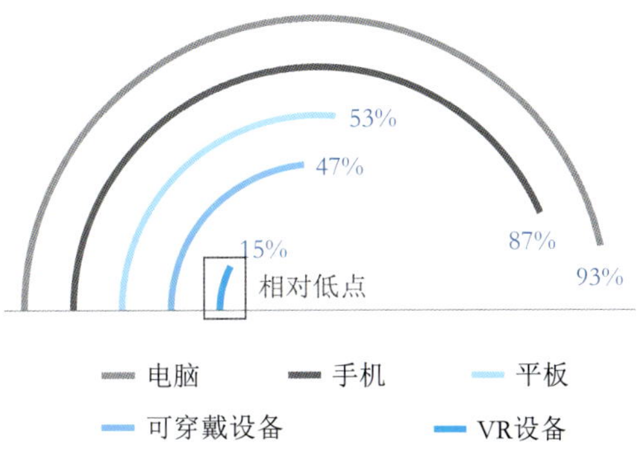

该现象可归结为 VR 仍处于发展初期，尽管目前已有了少许硬件和内容，但整体来说技术尚未成熟，硬件与软件融合的问题并未得到完美解决，导致 VR 使用场景受限。而未来 VR 是否能走向过去可穿戴设备的高速增长之路仍有待观察，因仅有不到三成的消费者在未来一年内有购买 VR 设备的意愿（见图 5），总体来说，VR 设备缓步增长概率较大。

图5 未来12个月内购买数字设备的意愿

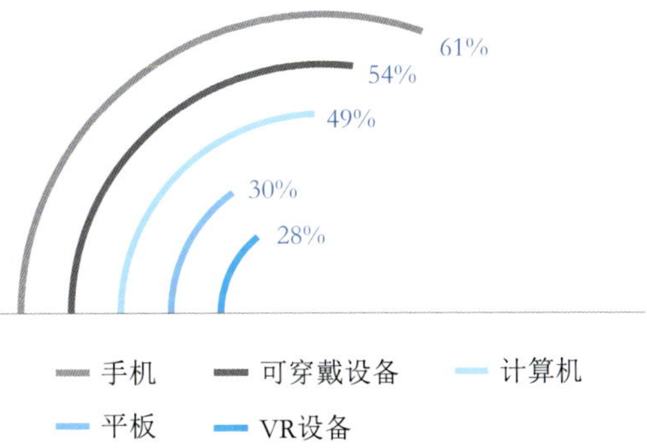

因此，对于硬件生产商来说，当务之急是设法改善 VR 现有技术缺陷，提升用户体验，而后扩大产品差异化，以提升交互感。未来，VR 设备将会拥有更全面的感知系统，例如获得触觉，甚至是嗅觉等全方位感知系统的方向发展。此外，使用更强的处理器，以提升性能续航、降低散热，使得 VR 比现在更小巧易用，以实现 VR 的移动化亦是发展大方向。

对于内容生产商来说，VR 内容的制作费用高昂，对专业度要求高。而目前 VR 的内容以游戏为主，但随着制作成本的下降，设备的普及，易用性的提高，预计内容将更加多元化，随着社交属性的内容的推出，将有更多消费者进行内容创作，使消费者成为 VR 内容的生产者。

除了软硬件之外，网络速度也是未来 VR 能否普及的关键决定因素。特别是如云端 VR 内容，对网络带宽有极高的要求，以便达到实时互动的效果。因此，VR 技术亦会促进运营商与云存储提供商的技术革新与设备的升级换代。

长远看来，随着 VR 产业链的成熟，从上游芯片与传感器厂商、中游设备制造商，到下游内容服务商与运营商都将受惠，然而，硬件的价值将如同当今的手机一样被弱化，VR 内容与服务的产值将会提升成为主力变现点。对此，VR 厂商除了要尽快解决当前的痛点之外，还需加速布局抢占内容与服务端市场。

三、物联网——未成气候，有待突围

物联网设备仍未成为主流，在用户已拥有设备方面，智能联网电视（42%）与智能盒子（30%）拥有人群最多（见图6），但持有率仍未过半，而其他物联网设备持有率则均低于25%。在未来12个月可能持有设备方面，智能家电与家庭安防占比最高（18%），联网电视与智能盒子将会持续攀升，而车联网与智能照明也有机会提升其持有率。

图6 物联网设备持有率与未来12个月可能持有率

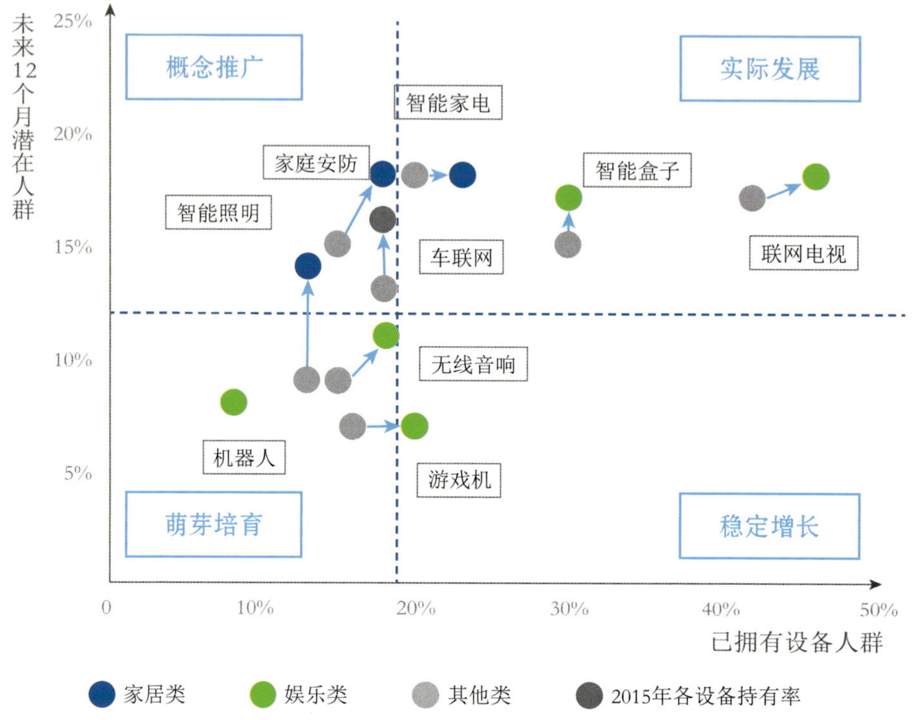

总体来说，尽管相比上年有所增长，物联网设备的普及率相比移动设备仍低许多，而低持有率的原因可能有四方面。

- **功能单一**。大多数的智能产品功能单一，仅能实现家庭需求中的部分功能，造成了实际使用的局限性，难以形成刚需。
- **价格偏高**。相比传统非智能产品，附带智能功能的设备价格偏高，在需要购买多种设备才能满足用户需求的情况之下，提升了购买成本。
- **习惯难改**。物联网带来的强大的数据分析功能以及个性化定制对消费者的吸引力不大。一方面，他们对数字不感兴趣，他们要的是直觉或者洞察。另一方面，人们往往不愿意改变行为习惯去适应系统，更偏好那些只需很小的行为改变就能满足自身需求的系统。
- **封闭生态**。目前大多数产品都自带标准以及内容服务体系，不同品牌间的物联网设备无法兼容，也因此牺牲了设备之间互联互通的便利性。

尽管对消费者而言可能用途不大，然而企业布局物联网意味着更关注产品和客户生命周期。将尚未联网的设备接入网络是新的盈利机会，但需要转换基本的商业模式。一旦联网，产品就不再只是它的固态形式，而变成了一项服务。比如，联网的咖啡机可以提供用户的使用信息，厂商可以借此管理不同种类的进货量，最优化咖啡豆供应链，增加客户生命周期的价值，大大提升客户忠诚度以及投资回报率。

在信息分享意愿方面，大多数用户（88%）愿意分享物联网设备的使用信息，且不同群体的分享意愿均超八成（见图 7）。在不同技术行为群体中，“早期使用者”和“早期观察者”约九成，占比分别为 94% 和 89%，而“潮流追随者”和“刚需购买者”分享信息的意愿也在八成左右。不同年龄群体中年轻人分享意愿更强，18~24 岁和 25~34 岁人群占比均高达 89%，35 岁以上群体占比也超过八成。总体来说，消费者依然乐意分享物联网设备的个人信息，与 2015 年相比变动不大。

尽管对国内消费者来说，个人隐私的暴露并非用户主要关切的议题，然而 7x24 小时联网在给消费者带来便捷的同时，也会衍生出安全问题。例如黑客通过网络连接车辆、家电等制造安全事故也不无可能。因此，提高物联网的安全性成为各方日益关注的焦点。物联网企业可通过建立某种形式的合作机制分享数据和安全威胁，同时建立漏洞快速修补机制，为产品安全漏洞做好应对并在设备升级时能首先完成必要的安全升级。此外，为了提高用户的信任度，企业要最大化信息透明度，要对消费者的感知成本和以此提高的收入进行权衡，而客户对分享自己信息的意愿也会有所不同。

图7 用户愿意分享使用数据的占比

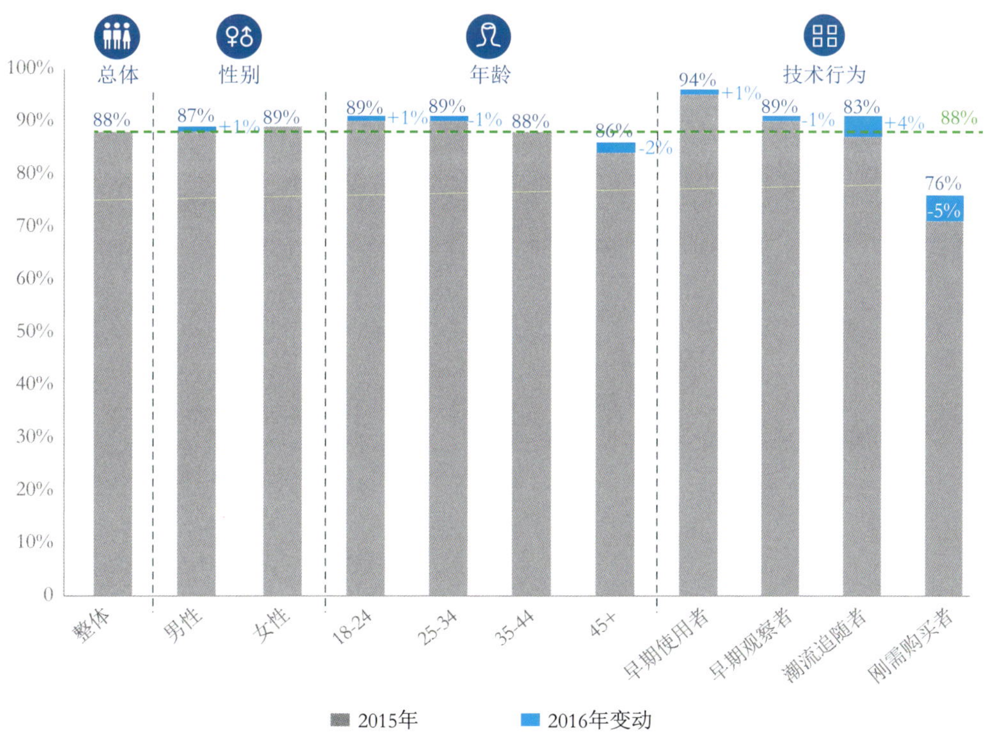

四、智能手机——国产崛起，迭代加速

2016 年，国产手机用户占比首度超过进口手机，标志着国产手机崛起，开始反超进口手机品牌。从占比变化来看，国产手机占比从 2015 年的 48% 上升至 59%，而进口手机占比则从 2015 年的 52% 下滑至 41%（见图 8）。特别是，持有华为的用户占比（24%）已经超越苹果（20%），成为最受消费者青睐的手机品牌。在手机替换速率方面，消费者

在一年内更换智能手机的频率上升了 3 %，表明手机替换率长期处于高位状态（见图 9）。该现象表明消费者购买新设备大多出于对新潮产品的追捧，刚性消费需求的因素在不断下降，同时消费者对新手机产品的价格并不敏感，智能手机走向类似快速消费品的模式。

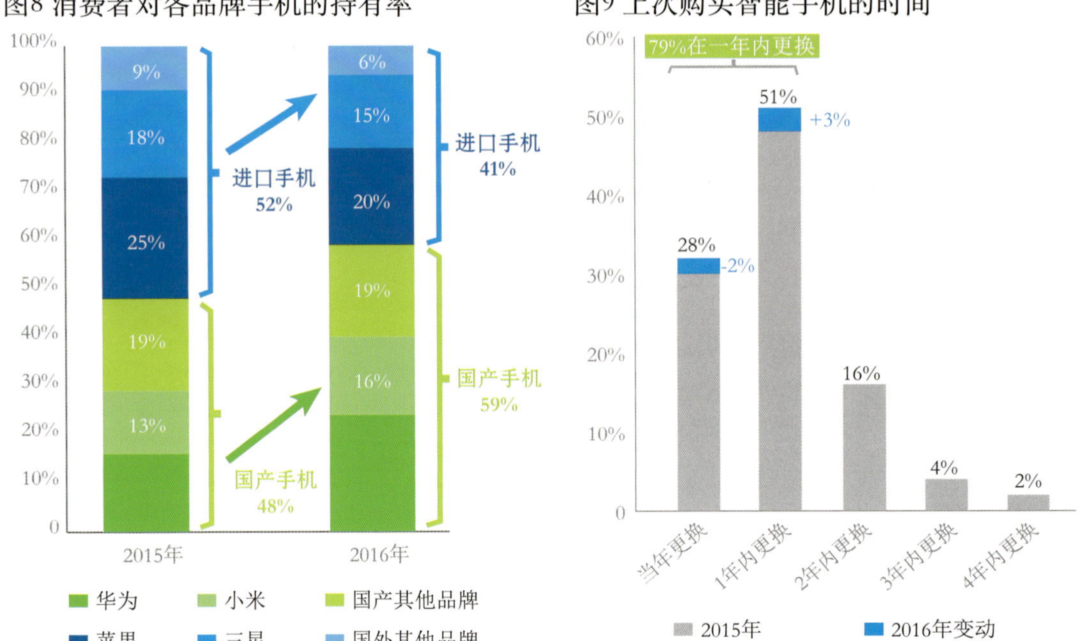

国产手机生产商立足于国内市场，凭借天然优势能够紧密追随消费者需求。未来国产手机厂商可通过以下途径扩大领先优势。

- **硬件方面**。通过技术研发解决手机的痛点，不断创新产品，扩大产品价值，形成自身的产品竞争力。
- **软件方面**。针对中国消费者的特殊使用习惯采取差异化战略。同时，完善生态圈的搭建，提升服务的质量与品牌的价值，向高端市场出击，进一步提升产品毛利。

五、手机使用——无所不在，依赖加剧

图10 智能手机日常使用情况

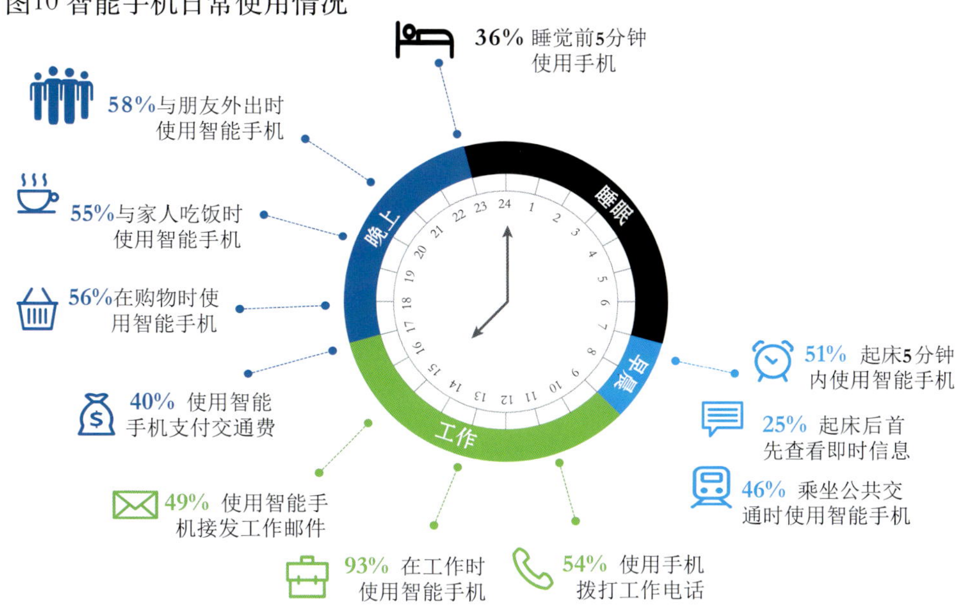

图11 每天查看手机次数

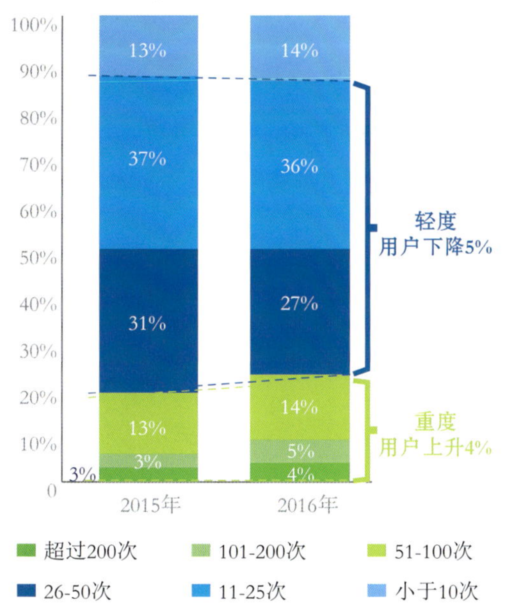

2016年智能手机重度用户（每天查看手机次数超过50次）同比上涨4%~23%（见图11）。其中101~200次（5%）上涨2%，51~100次（14%）和超过200次（4%）均上涨1%。轻度用户（每天查看手机次数为11~50次）略有下降，从2015年的68%降至63%，其中11~15次（36%）下降1%，26~50次（27%）下降4%。因此，可以看出轻度用户有向重度用户转化的趋势。

图12 从起床到查看手机的间隔

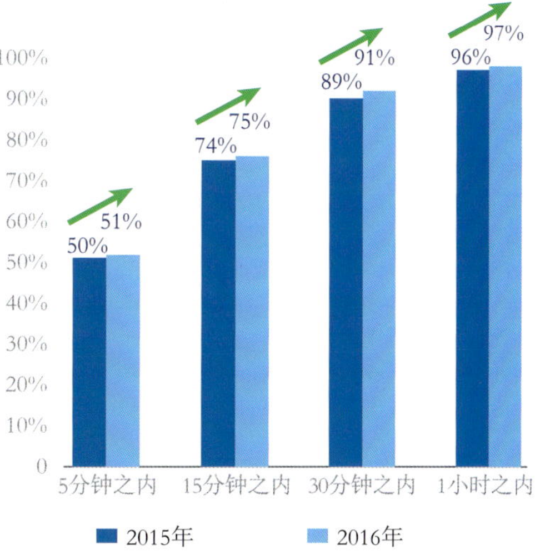

起床与查看手机的时间间隔也在逐渐缩短，起床1小时之内查看手机的用户占比在高位持续增加，由2015年的96%进一步上升至2016年97%（见图12）；30分钟之内查看手机的用户突破九成，2016年同

图13 每天接触手机的第一件事

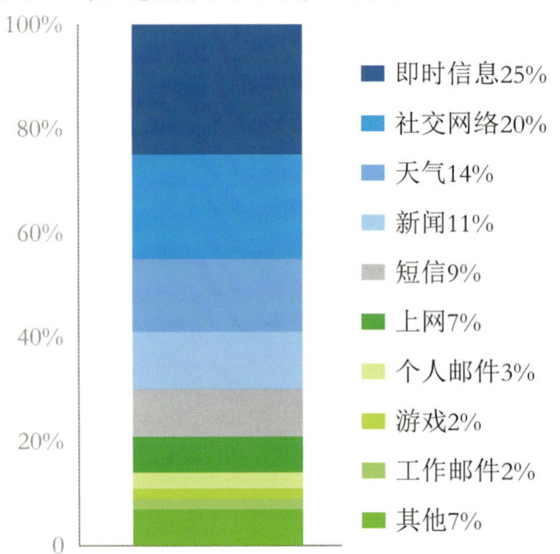

比增加 2% 至 91%；15 分钟之内查看手机的用户由 74% 上升至 75%；5 分钟以内查看手机的用户占比超过五成，由 50% 上升至 51%。用户查看手机次数逐渐增多与起床查看手机间隔缩短这两大特征表明消费者上瘾症加剧，随着各种应用的不断拓展，智能手机依赖将成常态。

此外，在每天接触手机的第一件事中（见图 13），前六大事情为查看即时信息（25%）、查看社交软件（20%）、查看天气状况（14%）、阅读新闻（11%）、回复短信（9%）和上网（7%）。在午夜手机使用情况中（见图 14），前六大事情为查看即时信息（50%）、查看时间（42%）、阅读新闻（35%）、回复即时信息（34%）、查看社交软件（27%）和读书（22%）。因此，查看即时信息、查看新闻、查看社交软件成为智能手机用户一天中的主要活动。

图14 午夜手机使用情况

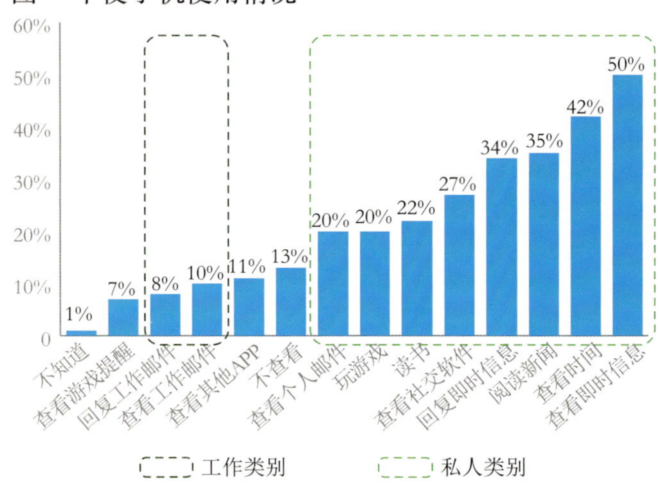

在各项活动中，手机使用最为频繁的活动为乘坐公共交通时，接近五成的消费者会高频（几乎总是和非常经常）使用手机。在亲友活动中，智能手机的高频使用用户占比超过公共交通和其他活动（见图 15），“低头族”现象反映了人们的日常生活已经与智能手机紧密相连。

智能手机为消费者提供了便利，中国正成为智能手机覆盖一切需求的社会，外出吃饭、打车、网上购物、银行汇款、朋友间的转账等都可以通过手机操作完成，这也成为消费者日益依赖手机的原因。除了便利性，信息限制加上 4G 网络迅速深入等因素共同促成中国年轻人在智能手机使用方面已经超过了西方的同龄人，“手机依赖症”已经成为社会普遍现象。

因此，对移动应用开发者来说：

- **内容方面**。移动应用覆盖面主要分布在亲友活动、交通活动与娱乐活动三大领域，随着三大领域移动应用市场的饱和，满足新领域的应用场景亟待开发。例如对技术有着更高要求的无人机、自动驾驶、智能医生、智能安防等应用领域。
- **服务方面**。移动应用开发者可通过后续服务增加用户黏性。例如应用无感更新，不再通过传统的下载—安装—更新使用模式进行更新，以降低用户流失率。

图15 各项活动中智能手机的使用频率

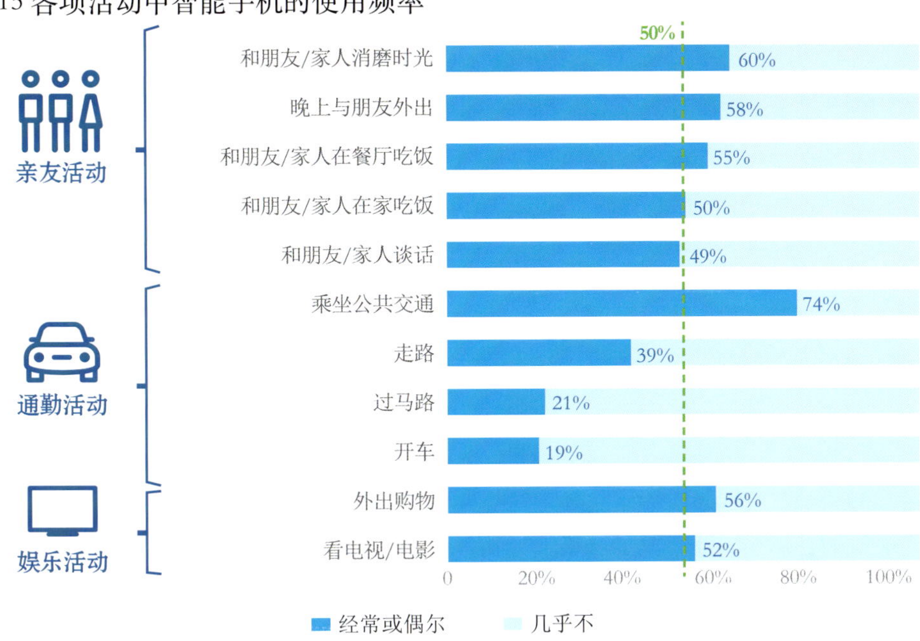

六、运营商——流量优先，发展数据

从消费者每周使用的情况来看，2014—2016 年运营商的传统业务均呈现下滑态势，其中消费者使用语音通话的频率由 85% 下滑至 78%，使用短信由 70% 下滑至 61%（见图 16）。反观数据业务则均有所上升，视频通话（上升 21%）与社交网络（上升 20%）在 2016 年使用率均上升至 61%。此外，即时通信 APP 从 73% 提高至 86%，使用率最高，网络通话则从 59% 微幅升至 61%。由此可以看出，运营商传统语音、短信业务持续萎缩，联网趋势已形成，数据是未来主流发展方向。

图16 消费者每周使用各类通信方式的情况

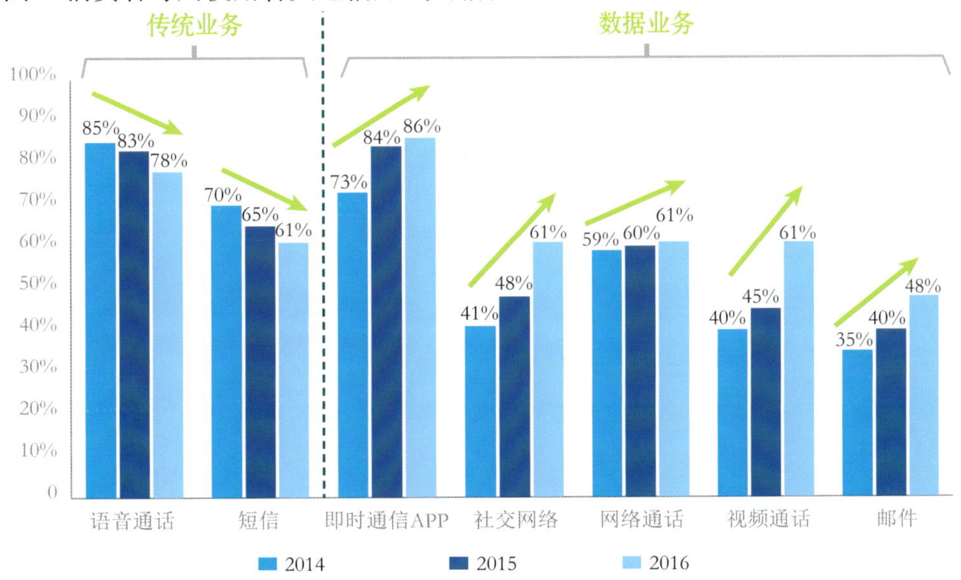

对此，运营商可参考以下方式应对数据流量经营发展趋势：

- 利用运营商在收集用户消费习惯数据上的天然优势搭建流量经营生态圈。运营商作为流量管道，自身拥有众多的数据资源，利用大数据搭建的流量经营平台可以帮助运营商提供符合消费需求的服务，提高运营效率的同时挖掘更多业务增长点。
- 构建全新经营模式。流量经营要求服务供应商充分考虑消费者的消费需求，特别是流量提供、资费设计、服务平台的推广等这些与传统业务不同的方面。例如在资费设计方面，运营商的流量资费仍按月、季进行计算，而用户流量使用却呈现不均匀分布，因此流量供应和使用不能完全匹配，流量经营要求运营商资费收取更加灵活化，允许消费者在一定时间内不限流量使用而只收取定额费用。

七、4G 网络——普及跃升，迈向饱和

2016 年 4G 用户同比上升 26%，用户大幅增加，覆盖率达 87%（见图 17）。一方面，对新技术接受意愿较高的群体（早期用户与早期观察者）使用 4G 占比均超过九成，分别为 95% 和 90%，该群体所在市场基本处于饱和状态，而在新技术接受意愿较低的群体（潮流追随者与刚需购买者）中，4G 用户占比相对较低，分别为 80% 和 66%，他们有望成为未来推动 4G 深入普及的重要人群；另一方面，高达 73% 的用户表示未来 12 个月内将会订购 4G 网络。得益于运营商“提速降费”政策、部分运营商免费赠送 4G 流量和移动互联时代对网速的高要求，2017 年 4G 网络将进入饱和阶段。

图17 2015-2016年4G网络用户的变化情况

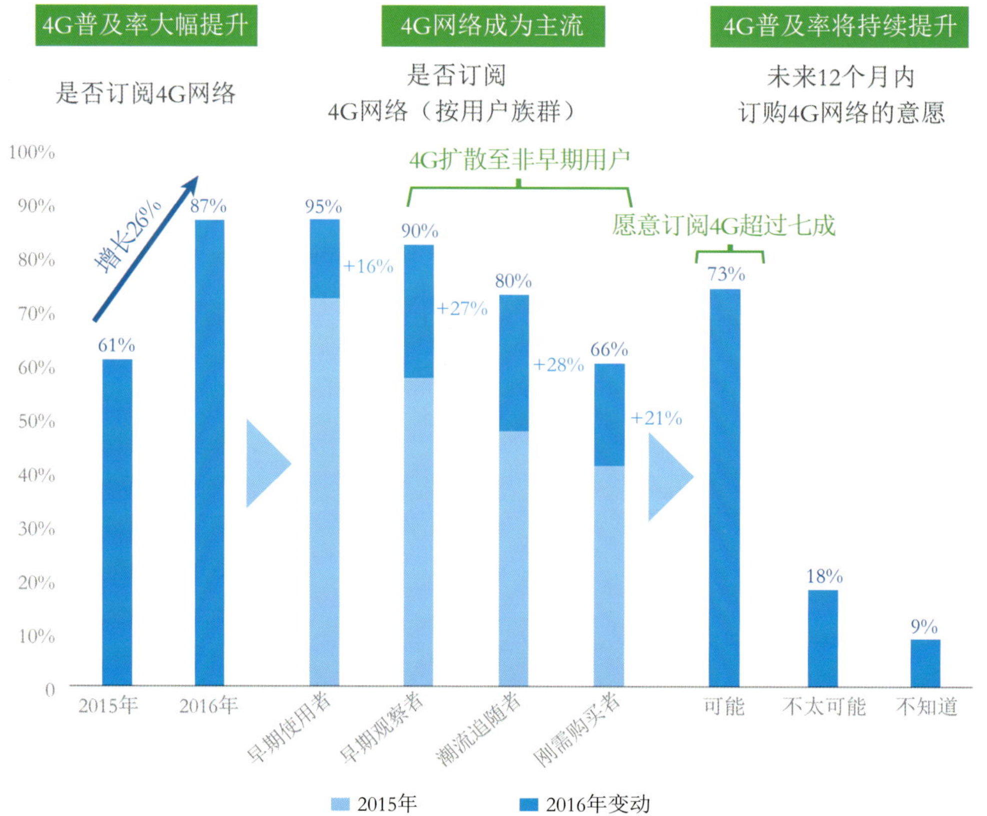

而运营商可在三个方面做出改进，以进一步提升 4G 普及率。

- 优化 4G 网络，进一步拓宽网络覆盖范围，提升室内网络体验。目前 4G 网络信号差的主要原因是基站数量不足、4G 信号频段高衰减快。
- 加大营销力度，推出各式流量套餐吸引用户转网。
- 增加以 4G 网络为基础的流量业务，增加所提供内容的差异性，提升用户体验。

八、虚拟运营商——仍需突围，另辟蹊径

从消费者对运营商的选择来看，三大基础运营商用户占据了 98%。其中中国移动用户占比最大，达到 69%，中国电信占 15%，中国联通占 14%，而选择虚拟运营商的用户仅占 2%，远低于三大基础运营商（见图 18）。

图18 消费者对运营商的选择

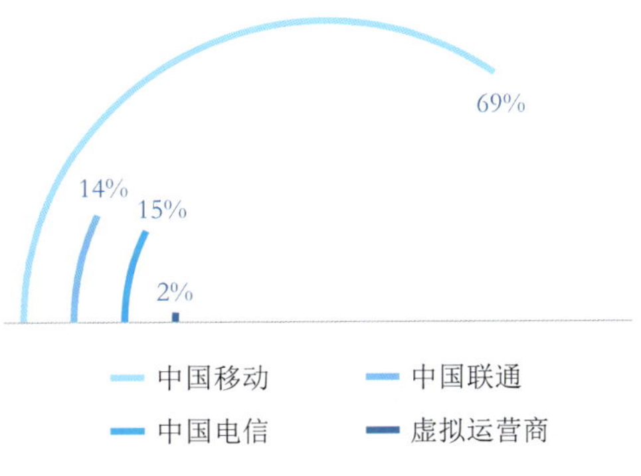

虚拟运营商用户占比过低的原因在于：

- 由于价格受制于三大运营商，相同服务条件下，资费并不比三大运营商便宜，随着三大运营商的提速降费，虚拟运营商的价格优势正在被削弱。
- 虚拟运营商提供的号码段成为诈骗灾区，手机安全软件常将其识别为骚扰电话。
- 号码段使用场景受限，存在不接受第三方平台注册绑定业务和银行无法识别的问题。
- 多数虚拟运营商为保住牌照，不愿拓展放号、发卡业务。
- 三大运营商深耕多年，留给虚拟运营商的市场空间较小，填补市场空白较为困难。

通信业引入虚拟运营商，意在打破现有格局、加速提速降费，然而目前虚拟运营商由于未找到有效的盈利模式而陷入无利可图的窘境。若要突破此困境，可从以下三方面着手：①聚焦增值业务。虚拟运营商几乎都是主打低资费，增值业务的优势并不明显，许多虚拟运营商将市场拓展的重心放在移动通信固有市场上，忽视了自身的差异化优势，因此虚拟运营商需采取差异化策略，依托母体企业的特色，提供小众化、定制化、个性化的移动增值服务。②加大投入。部分虚拟运营商过于看重短期利润，造成长期投入的不足。③扩展海外市场。可利用电信运营牌照开拓海外市场，另辟蹊径。

林国恩 | 德勤中国电信行业主管合伙人　talam@deloitte.com.cn
钟昀泰 | 德勤研究电信行业研究员　rochung@deloitte.com.cn

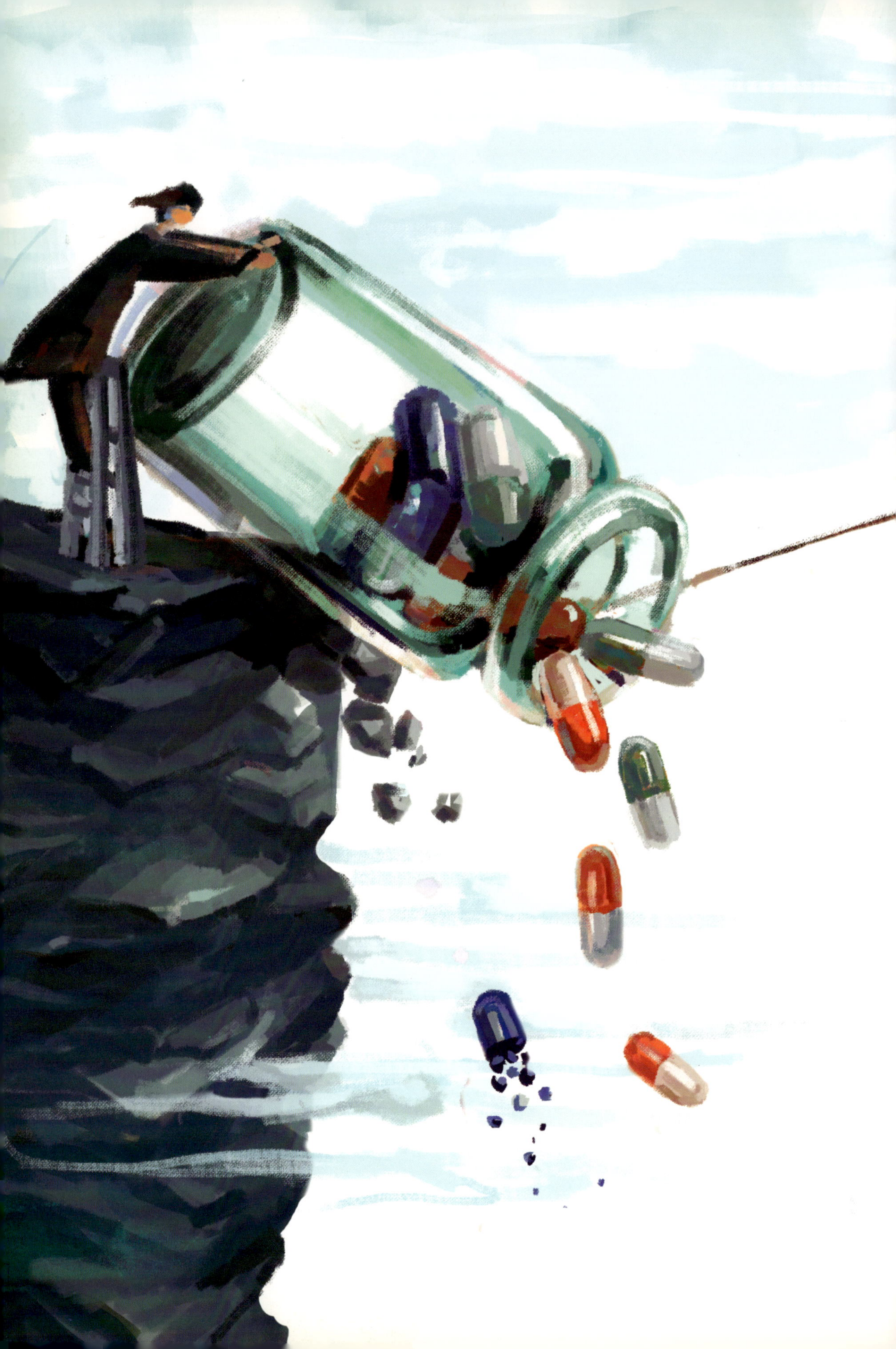

随着医改深入，在华跨国药企正面临愈加严峻的挑战。对于企业来说，顺应政策和市场趋势，并结合自身特点重新调整战略，仍将能抓住市场机会，培育出新的竞争力优势。

新医改，新变局

——跨国药企的挑战与应对

文/吴 苹 俞 超 饶文秋

医药行业是未来拉动经济增长的支柱行业之一，预计“十三五”期间将保持中高速增长 。居民收入增加、消费结构升级、老龄化及城镇化加速、健康中国战略推进、医保体系进一步健全等因素都将提升中国医药消费需求。但与此同时，医疗控费的诉求、复杂的医疗医药生态系统以及国家对于商业合规的加强监督都给跨国药企带来了挑战。

一、跨国药企在华销售增速放缓

图1 2015年十大在华跨国药企市场表现

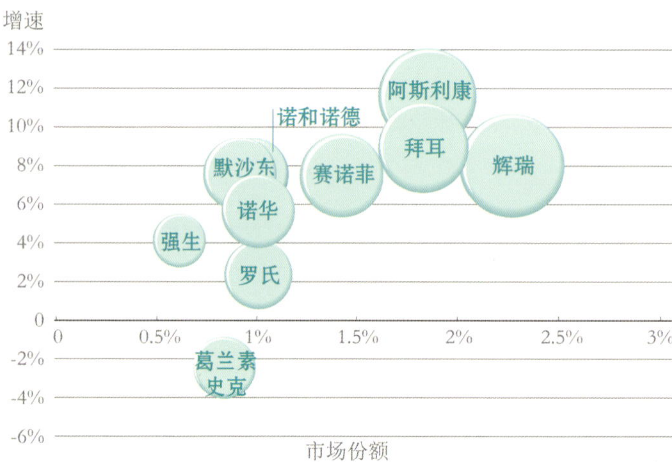

注：气泡大小代表销售规模。
资料来源：中康CMH，德勤分析。

根据中康CMH数据显示，2015年跨国药企在五大终端（包括城市等级医院、城市基层医疗、药店、县域等级医院、农村基层医疗）的销售总规模约为3120亿元，占据22.7%的市场份额，同比增长7.1%，比2014年的增速回落5.3个百分点[1]。前十大跨国药企中，辉瑞、阿斯利康、拜耳、赛诺菲、默沙东和诺和诺德同比增速快于整体跨国药企增速，葛兰素史克同比继续呈下滑趋势（见图1）。

跨国药企销售增速放缓与国家以控费为核心的新医改密切相关。目前基本医疗保障覆盖率已经扩大到总人口的95%，卫生费用占到GDP的5.9%，并且增速超过了经济增速。增长过快的卫生费用导致医保基金面临压力（见图2）。因此，当前医改的政策重心转向成本控制，政府优先采取的措施包括：采用一系列政策来控制药品价格，降低医院对药品销售的依赖，并且对整个医疗行业实施更加严格的合规要求。

图2 增长过快的卫生费用导致医保基金面临压力

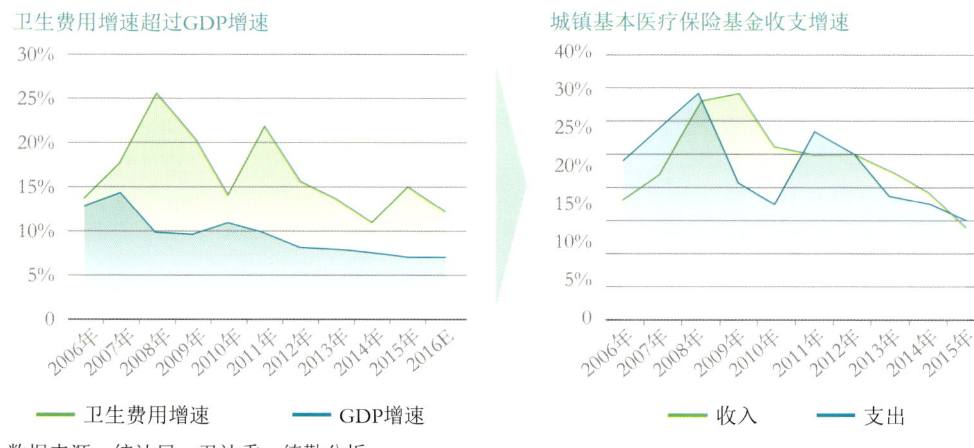

数据来源：统计局，卫计委，德勤分析。

二、原研药高溢价优势不复

跨国药企的主要利润来源于原研药（已过专利保护期的进口药），这类药品在中国可享受单独定价政策，与国产仿制药的价差要达到数倍或数十倍。而政府一直致力于降低药品价格，正通过更加严格的招标流程来控制药品花费，对高溢价的原研药势必形成冲击。

2015年下半年，招标“限价”压力加大，令大多数跨国药企被迫大幅降价。与此同时，由于大多数省份招标价格参考全国最低中标价，企业不敢贸然采取低价策略。如果议价阶段价格过低，药企只能被迫弃标，来保全国其他省份的中标价。如在2015年，湖南省药品集中招标采购整体采购价格大幅下降，两轮报价之后，最高降幅达50%，拜耳、阿斯利康等跨国药企因而选择弃标。

再加上政府于2015年启动仿制药一致性评价工作，这意味着通过一致性评价的仿制药，理论上可以和原研药在同一类别中竞价，这将进一步拉低原研药的利润空间。

虽然过去十几年原研药在一定程度上借力政府政策而实现了高速增长，但随着药品持续降价和监管日趋严格，原研药难以继续保持原来的高溢价，跨国药企原先依靠原研药带来巨额盈利的模式难再持续。

三、谈判降价换市场不达预期

除了集中招标之外，政府还在组织一些价格较高药品的全国价格谈判。2016年5月，卫计委公布首批国家药品价格谈判结果（见图3），用于治疗慢性乙型肝炎的替诺福韦酯和用于治疗非小细胞肺癌的埃克替尼、吉非替尼3种药品降价幅度分别达到67%、54%、55%。

图3 2015年国家药品价格谈判结果

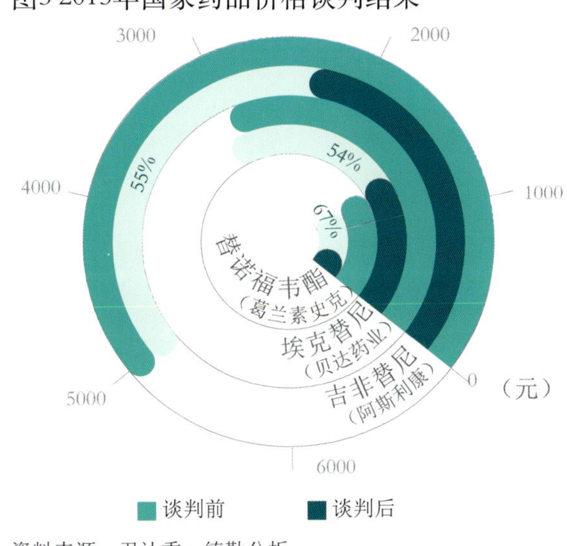

资料来源：卫计委，德勤分析。

但在落实过程中，以“降价换市场”并不容易，截至2016年12月23日，仅有23个省份将谈判药品纳入各类医保合规费用范围。药价谈判与医保衔接困难，关键在于医保管理体系的多头化，药价谈判由国家卫计委主导，但是否纳入医保的决定权在人社部，并且各省医保的筹资能力各不相同。而对于跨国药企来说，之所以愿意大幅度降低利润，很大程度上是出于对药品被纳入国家医保的期待，希望用销量来弥补价格差，但若降价后医保换量不达预期，将冲击利润。

四、国产替代进口趋势渐显

由于绝大部分国产药的价格远低于进口药，因此在控费背景下，不少地区都在推进用价格更低的国产仿制药替代进口原研药、仿制药，以降低医疗开支和医保费用。

一方面，面对过去由于扭曲的医疗机构激励机制驱动医生开贵药或多开药的局面，2015年5月，国务院办公厅发布了《关于城市公立医院综合改革试点的指导意见》，力争到2017年试点城市公立医院药占比降到30%左右，此举对价格相对较高的进口药将首先形成冲击。

另一方面，在付费方式改革层面，按病种付费（Diagnosis Related Groups，DRGs）试点范围正逐步扩大。按病种付费作为一种预付制模式，相比原先的按项目付费等后付制方式，更有利于医保控费。实施按病种付费，将会从根本上遏制医院使用贵药的习惯，进一步鼓励医疗机构使用疗效相似、价格更低的国产品种。

上述举措很有可能会限制医院对高价原研药的使用量，促使医生转向性价比更好的国产仿制药。不过，作为仿制药，相比于价格，质量也是非常重要的影响因素，中国政府正多管齐下地增强本土药企的竞争力，通过一致性评价、新版药品生产质量管理规范提升国产仿制药的水平。因此，本土药企与跨国药企生产的产品之间的质量差距也将不断缩小。

五、经营压力促使药企调整布局

降价是医改的主基调，随着医改不断深入，跨国药企面临未来增长放缓的挑战。政府严控药价、取消药品加成等政策造成了跨国药企药品的价格下跌和市场缩水。对于跨国药企来说，由于自身成本高昂，如果继续维持低利润项目显然不利于自身转型。所以，许多市场布局广、产品线众多的跨国药企开始对现有产品重新审视，着手出售或裁撤内部相对弱势的产品线，并对优势产品和市场进行加固和强化（见表 1）。例如，百时美施贵宝在成熟产品生命周期管理的战略下，先后剥离了糖尿病、肿瘤和心血管等多个部门，以成本控制的方式来增加利润，在经营压力下转向聚焦于核心业务生物药创新的策略（见图 4）。

图4 2016年百时美施贵宝进行业务调整

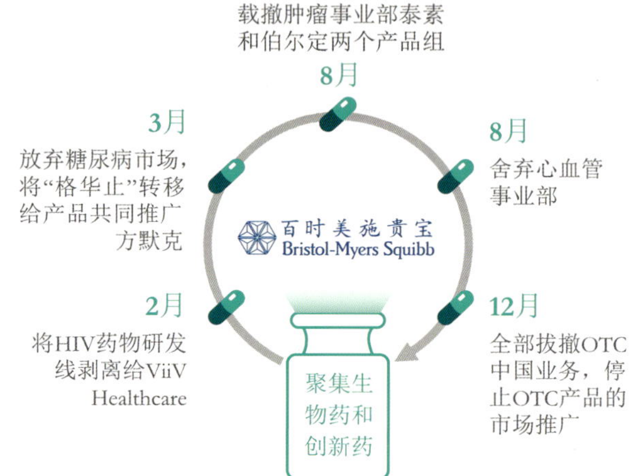

资料来源：公开资料，德勤分析。

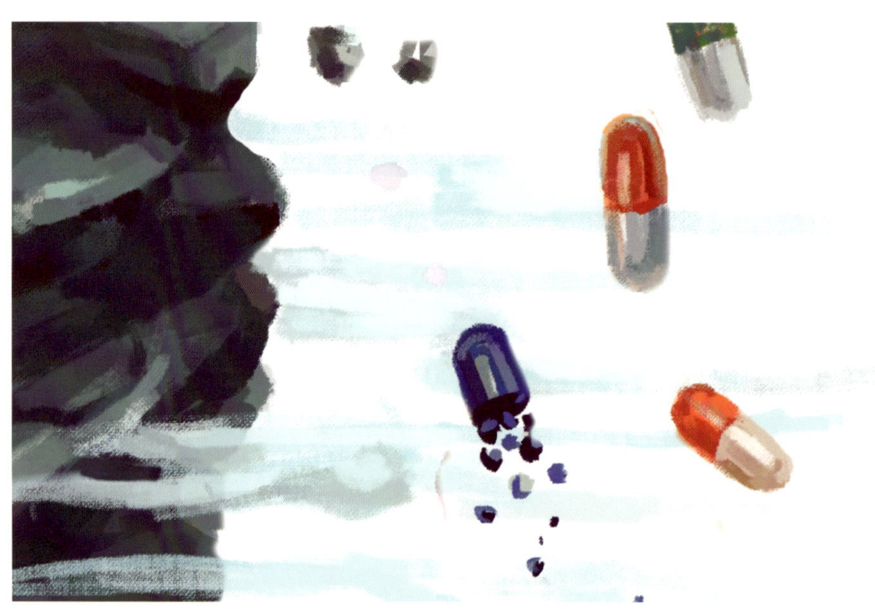

表1 2016年跨国药企向本土药企转让业务概览

时间	跨国药企	转让业务	本土药企
2016年1月	BAYER	白加黑、凯妮汀、美克、力度申、散利痛的中国区商业运作权	SPH 上海医药 SHANGHAI PHARMA
2016年3月	AstraZeneca 阿斯利康	波依定中国市场销售权、依姆多全球（除美国外）的资产	CMS 康哲药业
2016年5月	NOVARTIS	密盖息注射剂及喷剂	NT PHARMA 泰凌医药
2016年7月	gsk	南京美瑞制药股权、美瑞工厂、中国区泌尿产品生产和供应业务	凯德思达 Trade Star
2016年10月	AstraZeneca 阿斯利康	百泌达、百达扬中国商业许可	三生制药 3SBIO INC.
2016年11月	Lilly	希刻劳和稳可信销售权	EDDING PHARM 亿腾

资料来源：公开资料，德勤分析。

合规与强监管是跨国药企面临的另一大压力。2013年葛兰素史克事件将跨国药企在华“直接行贿”“赞助项目”等行业潜规则暴露无遗。自此之后，各大跨国药企严查合规，进一步收紧内部合规体系和标准，削减推广费用，并转让一些成熟产品中国区销售权，使资源能够更聚焦在核心产品上。近期营销合规问题又重回公众视野，2016年12月，央视报道了上海和湖南医生收取高价回扣事件。可以预见，未来合规方面的高压状态将继续。

在此背景下，许多药企开启营销转型，摆脱传统的关系营销，用专业化的学术论坛及研讨会方式介绍药品的适应性和作用机理，以及运用数字化平台和医生进行信息互动，这些方式不仅有利于加强合规性，而且能降低成本。此外，药企在药品营销方面进行了一系列管控措施：削减销售费用，优化报销、会务等营销相关系统和流程，采取更精细化的费用管理方式，对餐饮、交通费用及行政费用进行更严格的管控等。

图5 新形势下跨国药企如何制胜中国市场

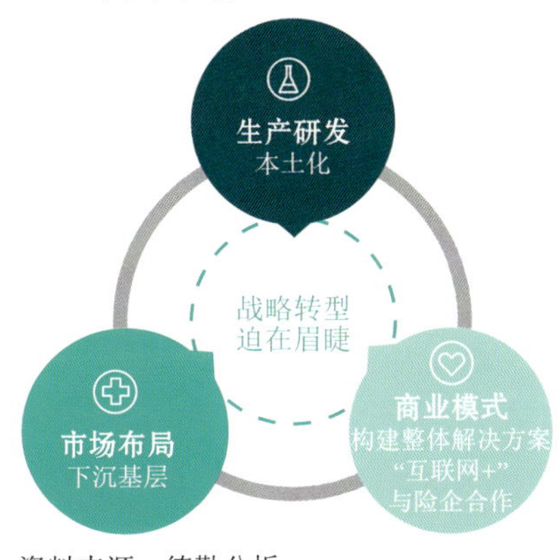

资料来源：德勤分析。

六、战略转型迫在眉睫

此次医改是一轮全方位的改革。对于跨国药企来说，如果延续原先的发展模式，未来增长放缓将不可避免。但是转型之路并不平坦，如何选择适合自己的市场战略就变得非常关键（见图5）。

（一）进行本土化生产和研发

保持两位数增速的中国医药市场令跨国药企趋之若鹜，在华布局密切关系到跨国药企的未来增长力。跨国药企可以从以进口为主导转型为以本土化为主导，来降低生产成本，更好满足中国市场需求，以及加速新药上市。迄今为止，已有诺和诺德、罗氏、辉瑞、强生、阿斯利康、葛兰素史克等十多家药企先后在华设立研发中心，2016 年多家跨国药企更是加码本土化研发（见表 2）。

表2 2016年跨国药企加码本土化研发

时间	跨国药企	研发投资事件	金额
2016年3月	gsk	宣布在北京成立公共卫生研究所 - 关注中国抗生素耐药和传染病	逾2000万英镑（计划）
2016年4月	AstraZeneca 阿斯利康	在无锡新建研发生产基地及中国商业创新中心 - 研发性生产创新型小分子药物，并依托中国商业创新中心推进诊断、设备、互联网创新	5000万美元
2016年6月	NOVARTIS	上海研发园区全面投入运营 - 新药研发项目主要针对中国及亚洲地区的高发疾病，包括癌症和肝病领域	10亿美元
2016年6月	Pfizer	在杭州投建全球生物技术中心 - 集开发与生产于一体的本土化生物药综合基地，将重点聚集肿瘤生物药物	3.5亿美元

资料来源：公开资料，fDi Markets，德勤分析。

面对中国政府接连不断的降价政策，跨国药企可以通过本土化生产来降低成本。虽然中国的劳动力成本低价优势渐失，但许多园区政府为招商引资设置了税收、租金、贷款等方面的优惠政策。除了成本因素，本土化生产无疑还能提高市场响应速度，并可以争取生产基地所在省份的招标政策优惠，有助于拓宽市场。

另外，跨国药企亟须开展真正的本土化研发。过去，中国研发中心的工作内容主要是协助其他研发中心，做国内的临床试验和新药申报。这一状况随着中国市场的快速增长而日渐改变。由于人种差异和发病谱差异，研发出针对中国市场的新药显得越发重要。

更为关键的是，进行本土化研发可以有效加速新药审批。目前，中国在全球新药首发市场中占比较低（见图 6），而且按照中国现行的药品审批法规，国外新药如果要进入中国市场，需要重做临床试验，这个时间至少要 3~5 年，这往往会导致患者错失救治时机。而根据政府 2016 年 2 月公布的药品审评审批改革措施，未在中国境内外上市销售或转移到中国境内生产的创新药注册申请将优先获得审评审批。因此，跨国药企在中国进行本土化研发不但能够加快新药在中国上市，更能延伸药品盈利周期。

图6 2007-2015年全球新药首发市场占比

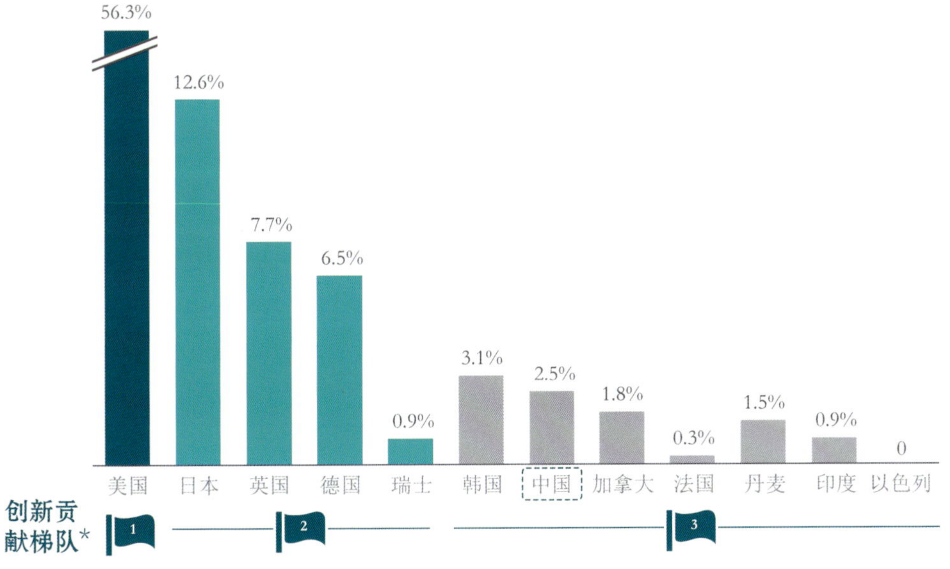

注：*根据在研产品数量和全球首发上市新药数进行分类。
资料来源：中国医药企业管理协会等《构建可持续发展的中国医药创新生态系统》，占比仅考虑所列国家，并只计入新分子实体。

实现本土化研发的方式既可以是设立研发中心，也可以与本土药企合作研发，发挥中国本土人才资源优势。例如跨国药企从其研发产品线中选择一些适合中国患者疾病谱且有较高治疗需求的早期研发项目，将项目及其所附带的专有技术等资源，授权给具有研发创新实力的本土企业，进一步开展本地化开发。

不过，2012 年曾有过一轮设立中外合资企业的浪潮，例如默沙东携手先声，辉瑞携手海正，但目前看来，这一轮合资浪潮多以分手告终。这表明设立合资企业的模式虽然历经了 30 多年的砥砺，但目前看来仍在不断摸索和磨合之中。

（二）布局基层医药市场

近年来，随着政府的扶持和投入，县级和社区医院等基层市场机遇凸显。根据中康CMH数据，截至2015年县域等级医院药品市场规模达到2470亿元，县域等级医院药品市场规模增速高于城市等级医院（见图7）。从医改大环境来看，随着分级诊疗推进、新农合和城镇居民医保两保合一、基药制度逐渐瓦解，以及对大医院愈加严厉的控费政策，医药市场向基层市场下沉将是必然。

图7 基层医药市场具有开发潜力

等级医院药品市场规模情况

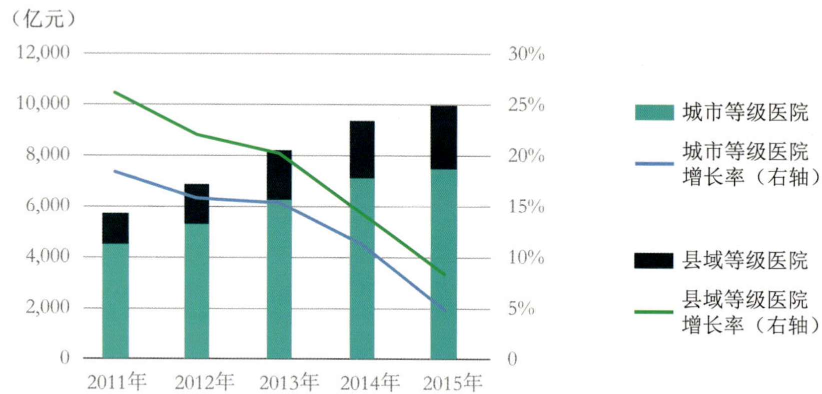

等级医院国产及外（合）资企业销售份额

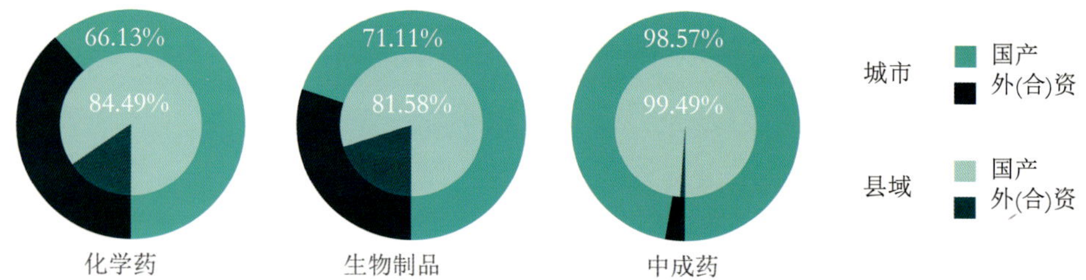

资料来源：中康CMH，德勤分析。

在此背景下，跨国药企可以考虑布局基层，包括县域医院、社区卫生服务中心和零售。迄今为止，已有不少药企在这方面有所布局。2011年，赛诺菲率先成立基层事业部走进中国县域市场，在产品上围绕糖尿病、心血管、中枢神经系统、肿瘤产品等基层市场需求旺盛的药物进行布局，并在2016年将其对基层市场的覆盖列为年度战略重点，计划拓展更多社区医疗中心以及零售药店的领域。此外，默沙东和辉瑞等企业则加大对零售药店的投入，以拓宽市场渠道。

值得注意的是，在县域医药市场，由于地域和人口的因素，市场投入与药品销售额之间的投入产出比较低是必须面对的难题。而且，由于基层市场由国内药企深耕，药品结构以基药为主，跨国药企需要考虑调整战略来面对薄利多销的基层市场。

对于这一情况，首先在市场选择上，跨国药企应对各个市场形成有区别的整体认识，可以考虑优先进入经济较为发达、人口密度高、相对富有潜力的基层市场。其次，在营销模式上，企业可以以更高效和经济的方式取代单纯依赖销售代表走访。基层市场的医生们需要得到更多的关于疾病和产品的教育，以及关于疗效和成本效益的更科学的对话和信息。医药企业应加强培训营销人员，使其成为全产品的销售代表，并使用数字渠道、医学联络人员、交流性质的研讨会以及培训等来引导医生参与到自己最感兴趣的话题对话中。

（三）探索新的商业模式和整体解决方案

随着患者对疗效的关注日益提升，跨国药企除了聚焦药品创新之外，还可积极探索新的商业模式，向整体健康解决方案转型。提供针对患者的整体解决方案，不仅能够使药企进行差异化竞争，而且可以使其凭借整体解决方案增强消费黏性，改变单纯以药品利润作为增长点，构建新的商业模式。新的模式一旦构建成功，不仅会为药企带来丰厚利润，更会为今后发展带来无穷机会。国外成熟市场（如美国）在这方面已有相关尝试，药企相继推出以用户为核心的移动医疗工具，增加用药依从性及病人参与，如强生通过强化工具性来收集全方位用药数据，赛诺菲、葛兰素史克则推出针对某种疾病领域的单独产品，跟踪整体疾病的发展。

在各种新的商业模式中，拥抱“互联网 +”是许多跨国药企业已做出的积极尝试（见表 3）。互联网医疗的浪潮已经席卷全球，“互联网 +”将会为跨国药企带来许多优势，包括帮助医生之间的信息传播、改善营销力量覆盖面不足、通过医患沟通及疾病管理平台来增强患者黏性等。

表3 近年部分跨国药企互联网合作一览

药企	合作方	时间	项目
赛诺菲	健康之路 www.yihu.com	2015年5月	共建聚集糖尿病、心血管疾病等慢病的健康管理及医患沟通平台
赛诺菲	AliHealth 阿里健康	2016年6月	共享优质资源。深入探索慢病管理与O2O模式
AstraZeneca 阿斯利康	丁香园、杏树林、好大夫在线	2015年4月	共同成立了“中国呼吸联盟”，针对哮喘和慢阻肺病人展开长期患者管理活动
AstraZeneca 阿斯利康	微医	2016年1月	共同成立了全国首个垂直病种分级诊疗平台——中国消化分级诊疗平台
AstraZeneca 阿斯利康	春雨医生	2016年4月	共建一体化的慢病管理体系，开展线上线下相结合的基层医生培训、患者教育与疾病管理等项目
MSD	Alibaba Group 阿里巴巴集团	2015年5月	合作专业医疗仓库、慢病管理云端数据存储、健康数据分析等云计算业务
BAYER	大糖医	2016年4月	合作“power+中国餐后血糖优化管理平台项目”

资料来源：公开资料，德勤分析。

其中，慢病管理成为跨国药企与移动医疗企业合作的重要方向。例如，赛诺菲、阿斯利康、默沙东、拜耳等药企都不约而同地与移动医疗企业进行合作，提供远程医疗、诊后随访解决方案、数据分析等功能服务。这很大程度上是因为，在心血管疾病、糖尿病、中枢神经系统疾病等慢性病领域，需要对患者进行高黏度、高频率的长期监护和管理，因而跨国药企可以充分利用移动互联网企业的相关技术优势，来提升患者的治疗效果，提高用药依从性。

此外，与保险公司进行合作也是逐渐显现的另一亮点。2012年，罗氏与瑞士再保险公司联合五家中国保险公司进行合作，在中国推广“防癌保险”。在这一项目中，罗氏可以通过保险降低患者购药费用从而扩大药品销售额，而保险公司可以获得由罗氏提供的癌症统计数据，以此计算治疗风险和成本来设计保险产品。虽然目前市场仍在探索具有明确商业价值的相关合作模式，但考虑到药企可以借此拓展销售甚至产业链，险企可以获得更全面的数据来管控产品风险，因此这一合作模式，特别是在慢性病的健康管理上将具有较大商业潜力。

七、结语

随着医改的进一步推动，跨国药企正面临着愈加严峻的挑战。从政策层面来看，医药行业政策逐步趋紧，控费和行业规范成为医改重点。控费是医药产业政策的长期主题，受到医保总额控制、药占比控制和日益严峻的集中招标采购政策的影响，今后跨国药企的利润率将继续面临压力。

但是行业环境也在医改的深入过程中逐步走向规范，跨国药企将从中受益。例如流通渠道方面的两票制改革将遏制少数国内仿制药企业代金销售的行为，对于操作规范、有自建销售团队的跨国药企是利好消息。并且，老龄化、城镇化等带来的市场刚需仍将驱动行业稳步增长，多方位的政策也会裨益行业健康发展。

那么，对于跨国药企来说，中国市场的增长空间是否已经达到饱和或趋零？答案显然是否定的。作为全球最有增长潜力的市场，或许亦是最大的待开发市场，跨国药企能从中获取的发展空间是明显的。如果能顺应政策和市场的趋势，并结合自身特点重新思考和调整战略，仍能抓住市场机会，培育出新的竞争力优势。进行本土化生产和研发、布局基层医药市场，将帮助跨国药企降低成本、更好满足中国患者的需求，并开发更广阔的市场份额。而且，探索与其他相关产业的逐步深入融合，将有益于跨国药企打造产业链与生态圈，在变革中的中国医药市场转型制胜。

吴　苹 | 德勤中国生命科学医疗行业主管合伙人　yvwu@deloitte.com.cn
俞　超 | 德勤中国企业管理咨询总监　andryu@deloitte.com.cn
饶文秋 | 德勤研究行业研究员　clrao@deloitte.com.cn

尾注

1. 陈杏 . 十大跨国药企拳头产品市场表现分析，新康界。

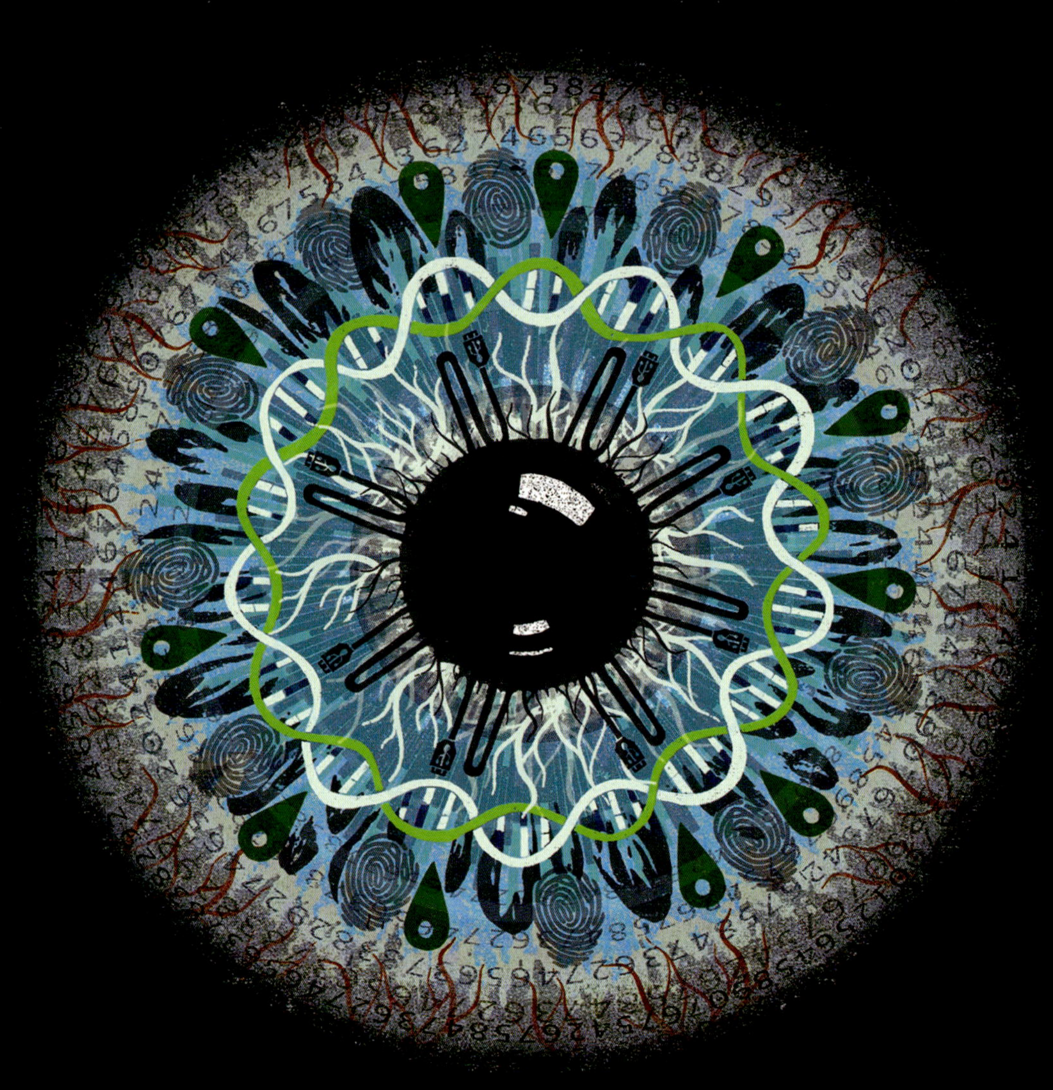

谁能记得几十种不同的数字和字母的组合？——这是很多人使用相同简单密码进行所有登陆的原因。好消息是技术不断进步并逐渐淘汰密码，在增强安全性的同时注重用户及客户的体验。

密码以外的世界

——提升数字化转型的安全性、效率和用户体验

文 / Irfan Saif, Mike Wyatt, & David Mapgaonkar
图 / Lucy Rose

试想，某天你在电脑上访问有关某收购项目的敏感财务信息，你不用回想几周前在某网站创建的密码究竟使用了哪些大小写、数字和特殊字符等，你也不用输入用户名和密码，取而代之，该网站会问你昨天在哪里吃的午饭，同时你的智能手表也可通过你的心率跳动进行验证。在这一过程中，不仅用户体验更佳，安全性也进一步提升。相较于使用密码体系来辨别是否为本人操作，使用个人特有信息更加可靠，也更加稳妥。

如今，数字化转型已成为企业战略的重中之重，而转型背后的核心设计理念则是用户体验。但是，无论是客户、商业伙伴、一线员工还是管理层，他们的用户体验通常都始于恼人的密码，而这同时也是最为薄弱的安全环节。事实上，企业四分之三的网络攻击事件都归因于密码强度过低或密码被盗，各位读者应该都清楚，企业网络漏洞造成的技术、法律以及公关成本往往高达数百万美元，如果加上名誉受损、信用评级降低等无形损失，以及失去合同等其他成本，损失金额将大大增加。减少密码的安全隐患将在很大程度上降低企业的网络风险，并进一步提高用户的生产力、增加客户的好感，同时降低因员工忘记密码和密码被锁定而产生的日常系统管理费用。

对首席信息官以及疲于记忆更长密码的人来说，令人高兴的是，随着生物计量学、用户分析学、物联网应用等新技术的兴起，企业有机会设计一个基于双边互信、用户体验且系统安全性更强的全新范式。如成功付诸实施，将加速业务拓展，并从市场脱颖而出。

事实上，如果能不输入用户名和密码即可安全获取数字化信息，人们的工作和生活将迈向期盼已久的新台阶。密码缺乏可扩展性，无法提供符合用户预期的全面数字化体验。具体而言，密码无法扩展至当今的各类网络应用，无法满足用户期待的流畅用户体验。然而，备受困扰的用户难免会忽略这些建议并重复使用相同密码，因此增加了系统的安全隐患。更重要的是，由于密码缺乏可扩展性，因此无法提供与交易价值相匹配的认证响应。换言之，强大的密码体系需要针对字符使用和密码长度制定繁复的策略，使得系统管理员无法评估特定密码强度。若无相关知识，企业可能难以做出明智的风险决策，以确定密码与其他认证因素的结合方式。

21 世纪恰逢人类极限

20 年前，一位客户通常只有一个电子邮箱密码，可能与他 / 她银行账户的四位数 PIN 码相同。然而如今，网络用户每隔几天就会创建一个新账户，用于访问企业信息、选购袜子、缴纳水电费、检查投资情况、报名参加万米赛跑，或者只是登录商务邮件系统，每个账户似乎都需要设置一个复杂的密码。有人预测，到 2020 年，每位用户将拥有两百个在线账户，每个账户都需要设置一个单独的密码。最新调查显示，46% 的受访者表示已有十个或多于十个密码。

然而，对密码安全的要求已接近人类能力极限，如图 1 所示。心理学家 George Miller 表示，人类最擅长记忆 5~9 位数字。如今，一个技术成熟的攻击者需要 77 天才能破解 8 个字符组成的密码，因此，要求每 90 天更改一次密码的策略就意味着 9 个字符组成的密码足够安全。

图1 密码问题的成因

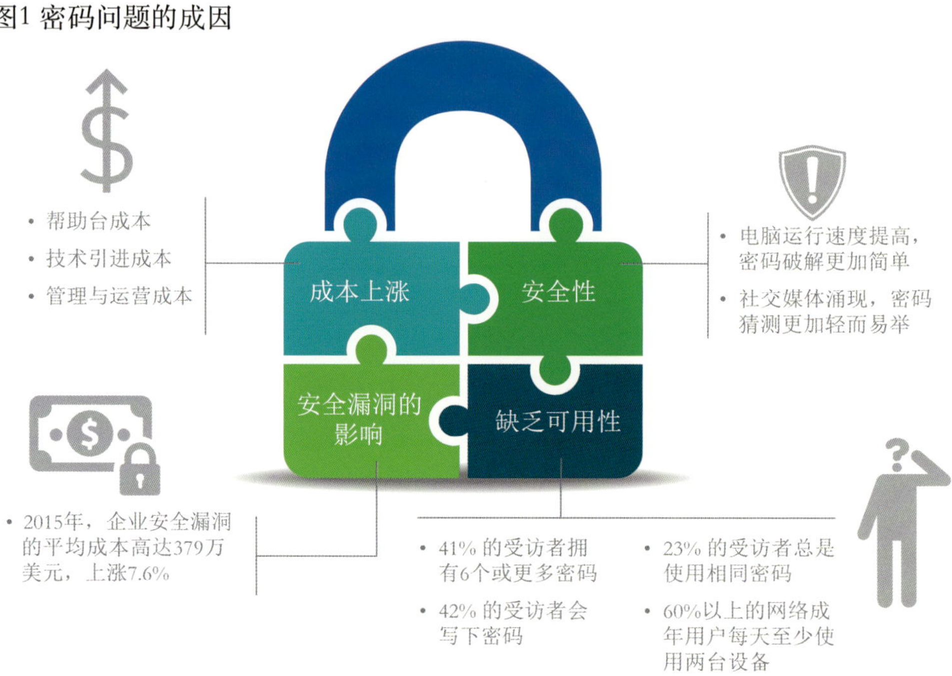

资料来源：RoboForm, “Password security survey results—part 1,” http://www.roboform.com/blog/password-security-survey-results, accessed April 21, 2016; Philip Inglesant and M. Angela Sasse, “The true cost of unusable password policies: Password use in the wild,” Proceedings of the SIGCHI Conference on Human Factors in Computing Systems (2010): pp. 383–392; PortalGuard, Top 10 real costs associated with requiring multiple passwords, 2011; Tom Rizzo, “The hidden costs of passwords,” ScorpionSoft, August 20, 2015, http://insights.scorpionsoft.com/the-hidden-costs-of-passwords; Victoria Woollaston, “Think you have a strong password? Hackers crack 16-character passwords in less than an HOUR,” Daily Mail, May 28, 2013; Matt Smith, “The 5 most common tactics used to hack passwords,” makeuseof, December 20, 2011, http://www.makeuseof.com/tag/5-common-tactics-hack-passwords/; Ponemon Institute, 2015 cost of data breach study: Global analysis, May 2015; Olly Robinson, “Finding simplicity in a multi-device world,” GfK Insights Blog, March 6, 2014, http://blog.gfk.com/2014/03/finding-simplicity-in-a-multi-device-world/.

图片来源：德勤大学出版社 | DUPress.com。

但是，人们疲于记忆过长密码，尤其在拥有多个密码且需要定期更改的情况下。由此造成的必然结果是，人们在多个账户中重复使用相同的低强度密码，将写有密码的便笺贴在电脑显示器上，和他人共享密码，并经常依赖网站的忘记密码功能。最近一项针对美国和英国用户的调查中，23% 的受访者表示经常使用相同密码，42% 的受访者会把密码记在纸上，74% 的受访者每天登录 6 个或更多网站及应用程序，而仅有 41% 的受访者使用 6 个或更多密码。另一项调查显示，20% 以上的用户通常共享密码，56% 的用户将同一密码反复用于个人和企业账户。密码管理软件在某种程度上缓解了这一问题，但根本症结在于密码的构成。

即使员工遵守所有规定，设置了 6 个不同的高强度密码并全部记住，这些密码仍然可能造成安全隐患。人们仍然可能被窃听，或因陷入骗局而泄漏密码。例如，电脑上装有恶意软件；网络诈骗分子通过伪造看似合法的网站或应用程序进行网络钓鱼，以获取登录信息、信用卡信息和其他数据；黑客甚至会利用被忽视的软件安全漏洞进行“零日”攻击。当然，传统的人为攻击形式依然存在，包括用户输入密码时进行偷窥、在废纸篓中觅取丢弃的密码信息、冒充权威人士向下属索取密码、从社交媒体资源中辨别个人信息以更改密码，以及员工出售企业密码等。

有鉴于此，维护密码的运营成本（包括帮助忘记密码的用户找回密码的费用，和因密码错误次数过多账户被锁定等其他问题造成的生产损失）持续走高并不足为奇。然而更加令人不安的是，随着运算能力日益增强，发起新一轮强力攻击便可轻而易举地找出密码。未来，密码问题不仅会耗费巨额资金，还将引发种种担忧。

- 74% 的受访网络用户每天登录6个或更多网站及应用程序。
- 20% 的受访员工通常共享密码。
- 56% 的受访员工在个人和企业账户中重复使用相同密码。

从地理定位到生物识别

企业领导深知，如今信息和访问策略几乎在所有业务中占据核心地位，同时他们也意识到，以往用于实施这一策略的密码机制已经支离破碎。鉴于董事会和首席高管肩负受托及治理责任，他们认为利益相关者应该进一步加大对在线访问的保护力度，以保障企业财富——数字化信息。反过来，如果企业数据的保护力度提升，同时合法用户的访问更加便捷，那么投资者、客户、员工、合伙人、第三方供应商和其他各方均将受益于此，这将促进双边互信，而双边互信正是良好业务关系的核心所在。

从古希腊到数字化时代

密码自古沿用至今，功能与现在相同，即确定认证信息，以获取受保护资产的访问权限。以此方式进行授权需要输入“所知信息”，即密码，再根据注册信息进行“认证”。如图 2 所示，密码一直都是人类历史的基石，过去近 50 年来，密码同样发挥着数字密钥的作用。诚然，数字密码具有操作简单、方便快捷的优势。若密码被盗，可立刻更改。而且密码通常可以共享，只是这种做法会造成安全隐患。由于密码已成为通行标准，因此企业已建立完善的密码管理政策，并借助身份和访问管理系统提供支持。

随着客户、员工及合作伙伴对无缝数字交互的期待日益高涨，公司理解、使用和管理用户身份的方式发生了根本性变化。为了顺应此次转变，新的认证信息不仅包含“所知信息”

或某个特定密码，还涉及“你的身份”“你的物品”“你的位置”和“你的行为”。除了对用户行为特征、个人地理位置、生物特征和个性标记等进行动态情境评估外，还会检测用户在每周每天每时段的信息访问模式。认证系统正逐渐具备自适应功能，可在发现不符合常规访问模式时将该认证行为标记为高风险——即使基本认证信息似乎并无不妥——系统随后将进一步认证，要求用户提供证明身份的其他凭证。由于手机无处不在，因此成为身份认证最为频繁的设备，不过风险投资者也会投资使用其他联网设备的公司，这些设备包括个人心率识别腕带和无需人工输入密码即可进行机器对机器认证的 U 盘等。

图2 密码的历史进程

资料来源：Bryan Black, “The language of espionage: Signs, countersigns, and recognition,” Imminent Threat Solutions, August 11, 2015; David Walden and Tom Van Vleck, eds., The Compatible Time Sharing System (1961–1973): Fiftieth anniversary commemorative overview, IEEE Computer Society, 2011; “Password security: Past, present, future,” Openwall, 2012.

图片来源：德勤大学出版社 | DUPress.com。

齐聚各方力量，共同实现转变。身份生态系统指导小组管理委员会副主席 Ian Glazer 表示：“从技术角度来看，我们拥有除密码外的全新认证方式，并具备出色的计算能力，可协助进行分析并做出明智决定。我们还克服了一项极为艰巨的挑战——通过智能手机为每位用户打造认证平台。” 身份生态系统指导小组由私营企业组建并负责领导，该小组致力于和联邦政府共同推广更加安全的数字认证。

对于公司而言，从旧系统过渡到新系统绝非易事。但是，通过采用基于风险的方法，公司可创建详细周密的路线图，专注于投资并落实最重要的业务运营活动，进而实现这一转变。公司可首先测试精选方案，再将成功的解决方案运用于最需要的地方。最重要的是，应当尽快踏上变革之路。毕竟，在当前的企业运作过程中，持续的创新与发展比以往任何时期都更加依赖完整的信息。

新型信息防护工具

随着密码保护的时间、风险和金钱成本不断攀升，所有企业均期待实施基于风险的灵活方法：用户认证的强度应与交易请求的价值相匹配。幸运的是，多种新兴技术可不断融合，从而同时满足企业风险承受能力和用户灵活性的要求（见图 3）。新兴技术（如区块链）旨在利用诸多因素解决单一密码造成的安全隐患。

图3 包含多重信息防护工具的新环境

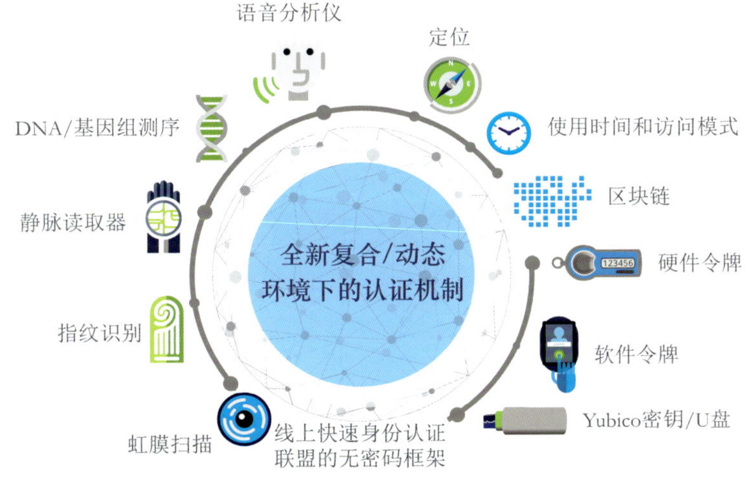

图片来源：德勤大学出版社 | DUPress.com。

多层级信息防护工具意味着需要进行更多检查，从而加大安全防护力度。不同认证方式要求提交的身份证明差异越大，盗取你的身份或冒名顶替的难度就越大。同样，消费平台使客户有权选择数字化信息的访问方式，因此有望改善用户体验。

通过文字、共享及移动应用经济，人们可以随时随地进行即时无缝的在线交流和交易。与较早时期刚好相反，消费者现已先行一步，随后才是企业。因此，智能手机正逐步成为消费者随身携带的数字中心，有望充分发挥核心枢纽作用。大多数 16~24 岁的年轻人认为，在线支付前的安全防护系统徒增了令人反感的操作步骤，在他们看来，生物识别安全系统比输入密码更加快捷方便。为了顺应上述趋势，行业领先的科技公司于 2012 年成立了线上快速身份认证联盟，并提出全新技术标准，旨在打造无需密码的全新开放式、交互式可扩展在线认证系统。

多因素认证是全新登录系统的核心内容，可保障安全并为用户提供更多便利。如今，Gmail 和 Twitter 等对这一解决方案进行了简单部署：除了在用户电脑中输入传统密码外，还会发送一次性验证码到用户的手机上。由于认证过程发生在用户的两台设备上，因此安全性得到增强。网络窃贼不仅要获取用户的在线密码，还要得到用户的手机才可访问受保护账户。

另一重保护在于，不仅要在不同设备上进行认证，还有不同类型的必备认证因素。例如，在双因素认证过程中，第一步是利用电脑或智能手机上的摄像头扫描视网膜，通过生物识别获取在线银行账户的访问权限。随后，银行将以短信形式发送质询到用户的手机上，用户需回复短信方可完成身份认证。

最普遍的全新认证因素之一是生物识别技术，用户无需记忆复杂的字母、数字和符号，更无需记忆哪个账户使用了哪种密码组合。仅仅利用身体的一部分即可完成认证——指纹、声音、面容、心率，甚至具备个人特色的动作。最先盛行的是能被智能手机摄像头和录音机捕捉的生物特征，包括指纹、虹膜、声音和面部识别。因此，在个人专有的可信设备上核对生物特征数据（与中央存储库截然相反）开始成为优选方法。例如，你可以通过指纹扫描访问个人智能手机上的特定资源，而智能手机会向授予访问权限的认证机制发送特有的设备信号。这是将身份认证扩展至多个线上服务的基石，也是线上快速身份认证联盟目前采用的模式。

另一组认证因素属于“你的物品”范畴——不仅是智能手机，还可能是个人随身携带的安全令牌、软件激活令牌，甚至是经过改进的比特币区块链数据库。使用硬件 U 盘登录时，工作人员需先输入用户名和密码，再输入 U 盘每隔一段时间生成的随机验证码。软件令牌的操作与此相似，如利用智能手机应用程序生成验证码。此外，分布式区块链技术的运用有望打造一个更加安全的分布式认证系统。

实施基于风险的授权

举个假设性例子（见图 4），一位公司用户通常在太平洋标准时间上午 8:30 左右登录系统，下午 6 点退出系统，大约晚上 9:30 再次登录系统。他通常在帕洛阿尔托或森尼维尔的公司办公室登录系统，并使用公司的笔记本电脑或台式电脑访问公司系统。

星期一上午 11 点，该用户试图在森尼维尔的办公室登录系统，通过工作电脑访问公司财务系统。由于该用户在正常工作时间通过办公室的公司电脑登录系统，并浏览经常访问的信息，因此系统授予访问权限。

第二天下午 7 点，该用户试图在洛杉矶国际机场登录系统，通过公司笔记本电脑访问内部福利制度中的公司休假表。尽管他的登录时间和地点显示异常，但由于其他因素符合他的典型行为模式，且信息并不敏感，因此系统授予访问权限。

次日凌晨 3 点，一位黑客试图在白俄罗斯登录系统，输入用户的用户名和密码，并访问内部开发服务器上公司尚未发布的产品设计图。尽管用户名、密码和 IP 地址均显示正常，但其他因素（例如登录地点、时间和请求信息）极不符合该用户的典型行为模式。随后系统实施控制，启动进一步认证程序核实用户身份，例如发送一次性验证码到用户的手机上。由于黑客没有用户的手机，他 / 她无法输入验证码，因此系统拒绝用户访问。

基于风险的授权是最引人注目的新兴访问控制之一，它是一种根据用户访问请求的可信度和受保护信息的敏感度授予访问权限的动态系统。谷歌的先进技术项目团队正积极开展 Project Abacus 项目，旨在通过机器学习对用户行为进行多维度评估，从而完成用户认证。智能手机可以通过传感器（如摄像头、加速计和 GPS 功能）广泛收集用户信息，包括典型的面部表情，经常出没的地点以及其打字、走路和说话的方式。这些因素加在一起比指纹识别安全 10 倍，比 4 位数的 PIN 码安全 100 倍。上述能力促使用户手机或其他设备不断计算信任评分——置信度，以判断使用者是否为用户本人。若系统无法作出判断，将启动后续认证环节获取更多验证信息，以核实用户身份或拒绝用户访问。

图4 基于风险的用户认证

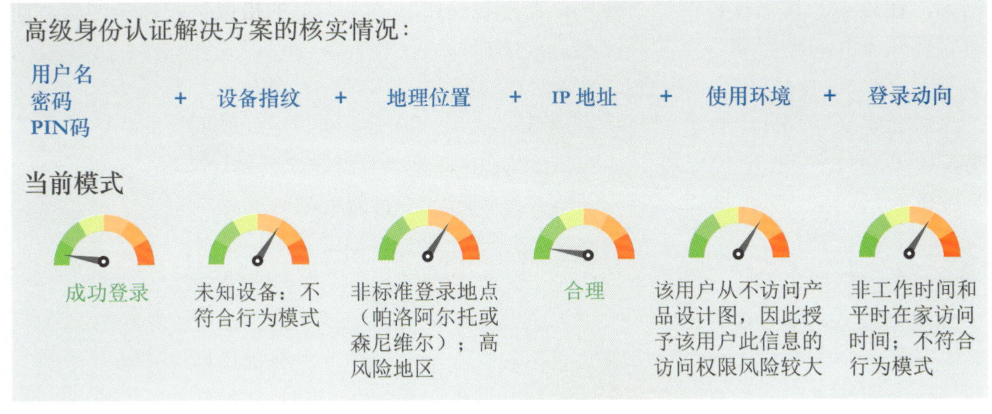

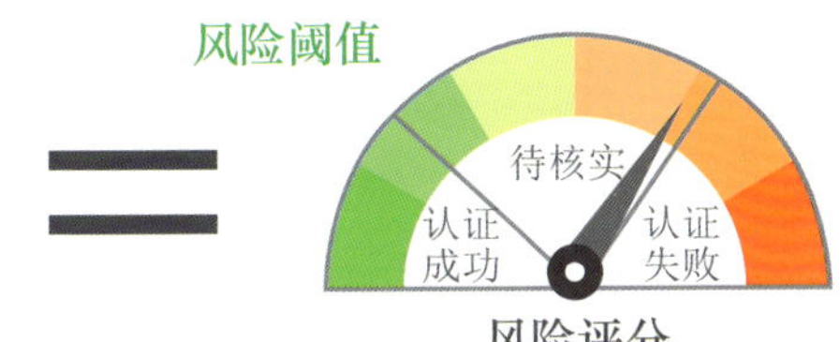

图片来源：德勤大学出版社 | DUPress.com。

信任评分有利于根据信息敏感度制定信息防护措施。例如，银行应用程序需要极高的信任评分，而一般新闻网站的评分要求则相对较低。在广泛运用该方法的过程中，公司须考虑客户的隐私问题。

最佳防御措施

为了阐明公司如何运用新系统，不妨作以下假设：一家零售连锁店发现客户信用卡信息被盗，为防止日后再受攻击，该连锁店对公司范围的潜在安全隐患进行了评估，并发现三大薄弱环节可能面临攻击。首先，服务器管理团队将用户名和密码保存在共享目录下的未加密文件中。其次，为方便起见，店长与店员共享了 POS 收银系统的密码，因此店员获取了更大权限，可自行处理退款、找取零钱等。最后，为简化连锁店的集成架构，将第三方供应商的密码设置为永不过期。

分析显示，POS 收银系统最有可能遭受攻击，因此零售商开始考虑使用新的认证因素加强 POS 系统的安全性。之前，员工每次访问系统时都需输入发送至员工手机的一次性验证码，这种做法并不简便易行，于是经理决定采取全新措施。他们选择在商店某部门进行指纹和面部识别综合测试，以此对店员在 POS 系统上的登录进行认证，这不仅为用户带来了便利，还充分利用了现有设施。该公司通过已有摄像头对 POS 系统活动进行监测，同时在 POS 系统的触屏登录界面新增指纹扫描程序，因此无需添加额外硬件即可试行新的防御措施，主要花销仅为第三方软件开发成本。如此一来，店员可以更加方便快捷地登录系统，公司也可授予特定用户适当的权利，而且在 POS 摄像头的时刻提醒下，店员的偷窃行为也将进一步减少。

随着试行措施取得成功，该零售商在 1500 家店面实施了这一解决方案。同时，为确保新系统的安全性，制定了新的策略，包括将指纹和面部认证应用于安全性更高、影响力更大的运营活动，以及针对认证因素泄露的安全修复机制中。

该公司还对店员进行宣传教育。当地商店的培训师强调，新的系统操作较为简便，可有效解决原有网络盗窃的安全隐患，并说明公司愿意为了员工和客户的利益投资最新技术。此外，培训师还分享了针对解决方案运行方式的说明文件，并充分保证获取的生物特征信息不会被用作 POS 系统认证以外的其他用途。

数字化转型不仅关乎安全性

突破密码的限制不仅是未来的大势所趋，在当下也有其经济意义。最近一项针对美国公司的调查发现，每位员工平均每年因密码造成的损失多达 420 美元。 37% 的受访者每年重置密码逾 50 次，仅生产率损失已足够令人震惊。从支持人员和帮助台的成本来看，单单是取消密码所节省的资金——且不说安全优势——就足以证明这一转变合情合理。而且，精简员工的日常工作可提升幸福感和生产率。对英国投诉部门的调查研究发现，完善的流程与员工的态度和留任息息相关，甚至关系到公司财务业绩之类看似毫不相关的变化因素。

放弃人们熟悉但感到厌烦的传统密码体系，转而采用新的登录方法，这难免会令管理人员、用户和客户畏而却步。任何转变都需要思路清晰的投资和实施计划，以克服各种实际挑战。首先，从技术角度来看，没有任何系统是无懈可击的。若智能手机或安全令牌是关键认证因素，那么风险可能来自设备丢失或失窃，若信用卡丢失，用户必须向设备发行方或认证机构挂失并更换信用卡。黑客有时会利用认证因素丢失后的账号恢复功能盗取账户。 由于无线通信通常未经加密且可能存在被盗风险，因此手机是个薄弱环节。

生物识别技术也并非万无一失，许多技术虽难以攻克但并不是无法攻克。例如，可以通过黏土模型伪造指纹。系统设计人员可通过传感器检测活动状态，并根据具体的应用程序储存生物特征信息，以此解决潜在的安全隐患，但这些技术的全面实施还为时尚早。大多数分析系统亦是如此，无法在不改变业务流程的情况下充分发挥优势。例如，边栏“实施基于风险的授权”中讨论了基于声誉的安全系统，其中的防御措施不仅检测了试图访问系统的用户 ID，还涉及用户位置、使用时间、行为模式及其想要访问的数据。若这些标记显示异常，系统则会拒绝用户访问敏感商业信息。这是一种稳妥的安全防护方法，但前提是公司需了解并控制所有数据，只有在已经完成敏感信息分类并确定访问协议的情况下，才能知道是否有人试图访问敏感数据。

突破密码的限制听起来的确会令人却步，因为不仅需要升级重要信息技术，还需改变内部知识管理和其他业务流程，但是公司可以循序渐进、平稳过渡（见图 5）。路线图如下：

- **确定优先次序**。根据威胁情况评估战略优先计划，并按重要性级别确定关键业务运营活动中所用认证系统的薄弱环节。
- **调查研究**。检验可强化身份认证的潜在解决方案，评估其在防御主要威胁时的优缺点，以及能否在特定工作环境下提供切实可行、经济有效且具有扩展性的解决方案。以标准为基础的认证软件解决方案有助于避免新建基础设施产生的成本，并为下一代解决方案的整合奠定基础。
- **开展测试**。选定有效的解决方案后，需在一个或多个重要的业务运营活动中进行试运行。试运行期间，需收集有关用户体验的数据和反馈。解决方案是否简单直观且易于被用户采纳？更加便捷的在线访问是否能够提升用户的工作效率？用户是否正确使用在线访问以进一步提升安全性？用户是否担忧个人隐私或其他基于用户行为规范的生物识别或动态自适应解决方案？相比于传统的密码系统，在线管理人员可吸取哪些新系统维护成本方面的经验？

- **延伸**。从试运行中吸取经验教训，根据优先次序，将解决方案分阶段应用于更加广泛的关键业务运营中。
- **提升和培训**。更新访问策略。使用基于风险的认证策略取代密码安全策略，为基于请求信息敏感度的身份认证提供指引。向用户讲解新系统的运行方式，主要关注相对于传统技术的优势。

图5 当前管理层能做的五件事

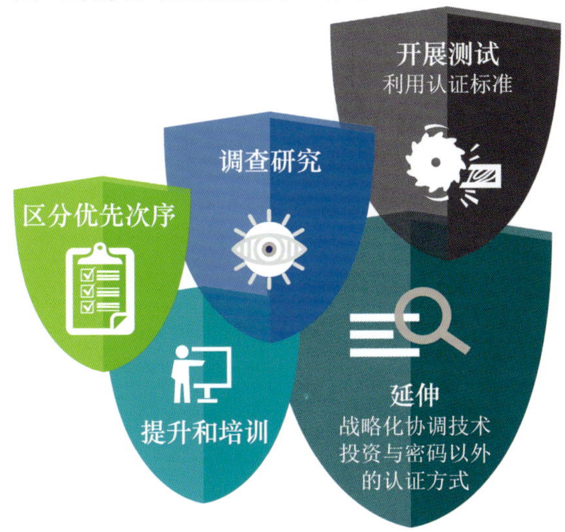

图片来源：德勤大学出版社 | DUPress.com。

公司可借技术进步的契机突破密码的限制，并且应积极把握机遇，尤其是在网络风险不断扩大的情况下。由于密码机制的用户体验不佳、成本上涨且安全隐患频发，公司应当考虑使用全新数字认证系统，从而同时满足加强安全防护和提高用户体验两个目标。

数字化转型的过程中，公司可首先投资无需密码的身份认证解决方案，例如快速启用软件即服务平台和全方位客户参与计划。这些新的解决方案可以为广泛的企业认证计划奠定基础，当然这些计划仍需假以时日才可实现。虽然受到传统平台的约束和技术限制，一段时期内我们仍需使用密码，但是没有理由推迟无密码身份认证计划。

Irfan Saif 现任 Deloitte & Touche LLP 网络风险服务负责人，同时担任美国咨询技术行业领导合伙人，以及德勤首席信息官计划和网络风险业务领导合伙人。

Mike Wyatt 现任 Deloitte & Touche LLP 网络风险服务主管总监，负责德勤咨询业务中的数字化和企业身份解决方案服务。

David Mapgaonkar 现任 Deloitte & Touche LLP 网络风险服务负责人，主要负责身份和访问权限管理。

感谢 Abhi Goel、Colin Soutar 和 Ian Glazer 对本文做出的重要贡献。

原文刊登于 Deloitte University Press 出版刊物 Deloitte Review 第 19 期，感谢德勤中国翻译组。

ROBABILITY
WEIGHT
OW
HIGH

用定量模型来衡量网络风险正逐步开始被广泛接受。但如果风险管理者过于依赖模型的断章取义很有可能会被引入歧途。有效利用模型的网络风险管理可以从金融服务行业获得哪些启发？

量化风险

——网络风险管理可从金融服务行业获得哪些启发？

文 / JR Reagan, Ash Raghavan, & Adam Thomas
图 / Lucy Rose

众所周知，金融服务行业具备相当成熟的金融工具风险管理办法。这是行业发展的必然要求，因为见多识广的客户不会投资一家缺少重大损失预防措施的金融服务公司。最普遍的损失预防方法之一是运用“极其复杂的数学模型计量各种组合风险”。这些模型还能有效协助投资组合管理人量化其投资产生的风险，帮助公司确定风险值。

目前，许多机构纷纷进入网络风险管理这个全新的风险领域，该领域的诸多特征均与金融服务行业的金融风险管理一致。尽管二者乍看起来相距甚远，但实际上存在诸多相似之处，这表明一个领域的经验能为另一领域提供重要启发。这些相似之处包括：

- **复杂程度**。金融服务行业多年来一直采用复杂的金融工具，并在诸多不同因素的相互作用下产生相关风险。当今网络安全背景下，随着复杂的电脑系统架构、云计算、自带设备信息技术模式、移动设备以及其他先进数字化技术的应用，企业面临的风险不断加大。和高度复杂的金融工具一样，风险因素的互相作用极为复杂，因此往往难以发现并评估相关风险。虽然风险模型及其他定量指标与定性来源能够提供预警信号，但在现代金融服务与网络风险时代下，企业领导人很有可能无法充分理解这些预警信号。
- **风险管理模型的使用**。金融机构运用多种风险模型，部分使用已久，其他则相对较新。一些风险管理领导人在尝试采用定量模型计量网络风险时，也同样运用了上述模型。但危险在于，高管和董事会可能忽略其复杂性以及这些模型在某些情况下的局限性。这些模型输出的内容非常简单，通常是易于理解的单一数字，掩盖了复杂的模型输入及分析过程，这可能导致高管默认其质量和完整性，而不会仔细审查模型在特殊情形下的有效性。
- **潜在系统性崩溃**。金融服务行业通常认为，金融机构的崩溃会波及其他国家和金融服务行业的各个领域，最终影响很多其他经济领域。当前的网络风险可能威胁包括商界、政府和社会在内的整个生态系统。

当然，政府官员和许多私营行业领导人已清楚意识到网络风险。全球网络安全支出持续上升，预计将从 2015 年的 754 亿美元提高至 2020 年的 1700 亿美元。不过，更多的努力则用于确定这些风险的范围以及如何合理平衡风险与回报。

为了量化网络风险并计算网络安全的投资回报，各方正积极加大投入，试图用一个数字来衡量公司的网络风险，这与金融服务公司对量化金融风险的重视如出一辙。投资、银行及保险公司的高管了解他们有时需承担重大风险，同时希望利用风险模型量化风险，并借此引导他们做出决策。然而在某些情况下，由于潜在的高额回报触手可及，高管往往会忽略这些模型的计算结果，或者因无法充分了解数字背后的真正含义而未引起重视。

企业领导人目前同样极其需要新兴技术，并有可能通过投资新兴技术获得丰厚的回报。但这些领导人也明白，不断扩大复杂的信息系统和网络通常会给企业带来更多风险。这就促使风险模型的开发受到更多关注，因为这些模型能够量化网络风险，并支持网络风险战略与风险项目的制定和实施。

哪种情形下采用什么类型的模型？过于依赖这些模型而忽略其他网络风险指标，是否会导致企业领导人面临灾难性网络事件攻击的危险？

诚然，风险模型是构建并了解风险元素的重要工具。在使用这些模型量化网络风险时，企业领导人和首席信息安全官能够从金融机构的风险管理经验中获益匪浅。机构应该谨防过度依赖风险模型，相反，应针对这些模型制定稳健的治理流程。如果缺乏稳健的流程，领导人会盲目相信其网络风险状况，并无视预警信号，最终造成财务、运营及声誉方面的潜在损失。

“黑天鹅”事件风险

风险通常可分为信用风险、流动性风险、市场风险和运营风险，这些风险都会影响金融投资的价值和效益。数十年来，金融机构在估算投资组合的市场风险时，使用的一种重要建模方法是风险价值法。风险价值法是“一种计量并量化特定时间范围内公司或投资组合金融风险等级的统计方法”。

风险价值法最常见的方式是在假定市场情况“正常”的前提下，对短期内的组合风险进行计量。例如，倘若投资经理的组合在某一周的风险价值为1亿美元，则有99%的可能该组合在下一周的损失不会超过1亿美元。但是一旦1%的可能性成真，风险价值法通常无法说明1亿美元是否为损失的最低数额。这一局限性意味着风险价值法不能计量“黑天鹅”事件（概率极低但影响巨大的事件）的风险，例如一系列房屋止赎和次贷损失。

关键点：风险价值法等风险模型发挥着重要作用，它们不仅将输入的内容进行整合，还为决策者提供指标作为考虑因素。然而其内在缺点在于，输出与输入的内容几乎一样，两者都不能量化所有风险。

网络安全担忧与日俱增，量化网络风险不断推进

重要的是理解公私部门对网络“黑天鹅”事件的担忧，以及网络风险价值模型在量化网络风险时发挥的作用。

全球各地的官员越来越担心网络威胁在世界范围带来的风险，一些官员提出警告，网络风险有可能发展成系统性灾难事件。例如，国际证监会组织前任理事会主席Greg Medcraft曾预测，“继金融公司遭遇一系列冲击之后，下一轮金融冲击或‘黑天鹅’事件将来自网络空间。”

企业风险管理人员同样担心网络“黑天鹅”事件。美国存管信托和结算公司（Depository Trust & Clearing Corporation, DTCC）2015年的研究表明，61%的受访金融服务风险管理人员认为，过去6个月中全球金融体系发生重大影响事件的概率有所上升。该公司2015年第一季度开展的一项调查表明，网络风险仍是全球范围内最令人担忧的风险，70%的受访者把它列入前五大风险（见图1）。受访者最担心的是网络攻击频率以及应对这些冲击的能力。

网络威胁当然并非金融服务和全球金融体系所独有的问题。而严峻的现实是，其他领域也可能面临网络“黑天鹅”事件。

- **公共事业行业**。2015年12月，网络攻击导致乌克兰部分电网关闭，促使奥巴马政府向美国电力公司、供水企业和交通运输网络发布预警，防范类似攻击风险。

图1 全球金融体系前五大风险

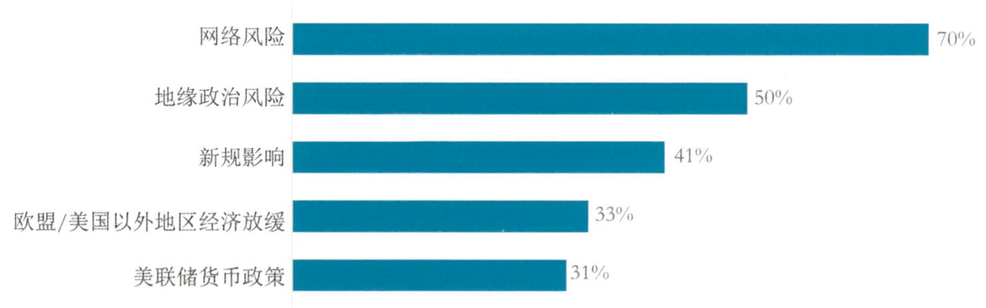

资料来源：DTCC 于 2015 年 12 月 1 日发布的《系统性风险晴雨表调查》（*Systemic risk barometer survey*）。
图片来源：德勤大学出版社 | DUPress.com。

- **医疗卫生**。2015—2016 年，北美洲的医疗卫生设备及医院连续遭受网络攻击，此后美国国土安全部与加拿大网络事件反应中心共同向医疗卫生机构发布预警，警惕勒索软件及其他变种软件，这些软件可能造成“敏感或专有信息暂时或永久性损坏、正常运营中断、经济损失”以及声誉受损。
- **石油和天然气**。2015 年底，受访的石油和天然气、能源及公共事业领域的信息技术专业人士中，四分之三遭遇过网络攻击，其中大部分（68%）表示过去一个月里网络攻击的成功率上升了 20%。
- **政府**。2014—2015 年，美国人事管理局遭遇了大规模攻击，导致敏感信息被盗，其中包括雇员与订约方背景调查数据库中 2150 万人的个人社保号。

对此，当局及其他利益相关者应采取哪些广泛措施来应对与日俱增的系统性网络威胁？

2011 年，世界经济论坛在瑞士达沃斯召开，会议提出多方参与的 Partnering for Cyber Resilience 项目。该项目涉及 100 多位专家、商界人士和政策领导者，其目标是“缓解由人员、流程及基础架构之间进一步数字化连接而产生的全球系统性风险”。

一开始着力提升高层领导人的网络安全防御意识。2014—2015 年，成员们开始转移注意力，侧重于“跨行业、跨领域的统一网络风险防御力保障基准”。为建立成功的风险量化模型，他们首先列出各自使用的不同模型，其中蒙特卡洛法占据主要地位，但其他模型元素同样重要，包括：

- 行为建模
- 参数化建模
- 基线保障
- 德尔菲法
- 认证

计划根据“广泛应用于金融服务行业的风险价值概念”构建网络风险价值理念。网络风险价值模型可通过概率方法，预估机构在特定时期内可能因网络攻击遭受的损失。换言之，“即使网络攻击成功，公司在一定时期内损失的金额将不会超过 X，且准确率为 95%”。

“网络风险防御力合作关系”计划解释了为何决定以金融风险价值法为基础进行计量，指出“金融服务行业过去 30 年一直使用复杂的定量建模，在实现精确的可靠风险量化预估方面拥有丰富经验。为量化网络风险防御能力，利益相关者应当借鉴并采取此类方法，以提升网络威胁计量意识，并增加可信度”。

世界经济论坛利益相关者并不试图建立特定的网络风险价值模型，而是建议各行业及公司在各自模型中添加网络风险价值框架的特定属性。各机构可借此评估各个元素，并确定在自身环境中的适用性及影响。该网络风险价值框架包括以下多个元素（见图2）：

- 现有资产及系统的隐患以及防御系统的完善程度。
- 受威胁的资产，包括有形资产和无形资产。
- 攻击者情况，包括类型（例如由国家资助还是业余爱好，以及复杂程度）、策略与动机。

网络风险价值元素中存在一些随机变量（会“偶然发生变化”的变量，如攻击频率、总体安全趋势和机构安全系统的完善程度），因此纳入了随机模型。随机模型是一种统计工具，结合一定时期内的一个或多个随机变量来估计概率分布。分析元素间的相关性有助于建立各类风险暴露预估模型。

定量风险模型体现了网络风险管理的发展历程。然而就网络安全领域而言，风险模型特别是风险价值法的广泛使用催生了一个重要问题：网络风险价值模型是否会给采用它的机构带来基本风险？

图2 网络风险价值元素

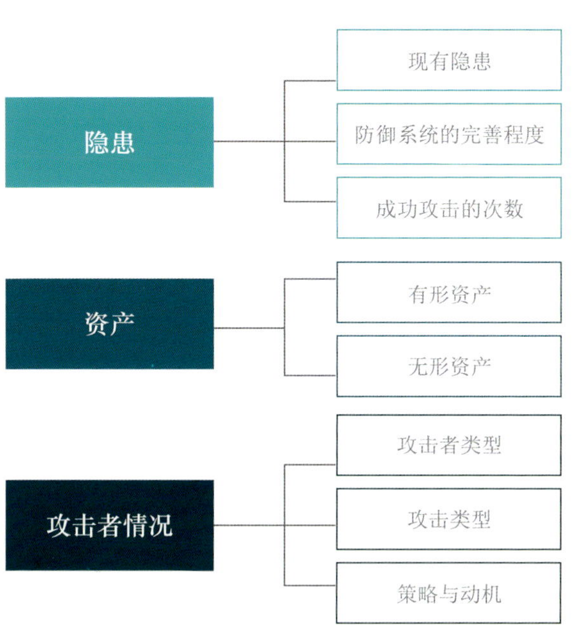

资料来源：世界经济论坛．网络风险防御力合作关系：量化网络威胁（Partnering for cyber resilience: Towards the quantification of cyber threats），2015年1月。

图片来源：德勤大学出版社 | DUPress.com。

关键点：20世纪90年代及21世纪初，证券衍生品发展迅速且极为复杂，因此金融机构纷纷寻找方法量化其中的市场风险。与之类似，当前的网络威胁极为复杂并不断扩散，这促使各机构制定计划，以量化网络风险。

谨慎采用风险模型至关重要

上述问题的答案主要取决于机构在何种环境下使用网络风险价值法。接下来，我们将探索如何通过三种不同的风险价值模型使用方法产生三种不同的结果。

早在20世纪90年代，人们就已经了解风险价值法的局限性，最著名的案例是1998年美国长期资产管理公司（LTCM）的倒闭。

LTCM的倒闭暴露了风险价值模型的局限性和以往预测未来概率的不足。俄罗斯发生前所未有的内债（而非外债）违约，而LTCM的风险价值模型曾确定其概率为零，且错误估算了该事件造成的损失。这一误算让 LTCM 遭遇清偿危机，最终被银行和金融机构组成的私人财团出资接管。

尽管这一经典案例说明了风险价值法的局限性，但金融服务行业仍旧普遍使用该模型。不同公司采用不同的风险价值法，但公司指定风险方法所涉及的每日风险价值计算通常置信度为 95%（见图 3）。

图3 代表性综合风险管理框架

风险偏好：风险方法核心

风险偏好表示公司一年内由市场、事件及交易对手信用风险等造成的"预计损失金额"。其置信度界定并计量为95%。

置信区间与时间范围

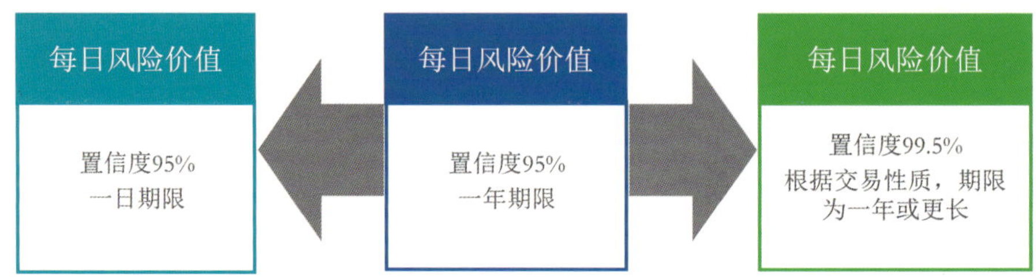

图片来源：德勤大学出版社 | DUPress.com。

X 公司的经验可以说明对风险价值结果放任不管的后果。该公司曾在董事会的支持下进行激进型投资。风险管理团队的邮件表明，公司高管忽视风险管理人员，未采取风险限额政策。另外，管理层在未通知董事会的情况下，未对部分风险本金投资进行压力测试，并且缺乏常规的系统分析方法，无法确定非流动性投资的大幅增长可能对公司造成的灾难性损失金额。事实上，X 公司最终遭受了灾难性损失，并以破产告终。

这些年来，我们从 X 公司的破产中吸取教训，认识到采用不同方法治理公司并管理风险至关重要。另一家大型财务公司 Y 公司证明了这一点。

Y 公司的领导人起初注意到了公司的损益数据，该数据显示公司抵押贷款业务连续十年出现亏损。高管和风险管理人员密切关注这一趋势，并决定深入挖掘亏损原因。在对数据进行全面检查后，他们又共同检查了公司的交易头寸。

Y 公司制定了稳健的财务治理流程，并运用各种风险计量方法，确保所有风险均未超出损益表范围。主管们小心谨慎地对各种计算结果和输入内容进行了综合考量。通过定期权衡所有可用证据并凭借专业判断，Y 公司的领导人意识到需放弃并对冲抵押担保证券头寸，因此可在很大程度上规避损失。

LTCM、X 公司和 Y 公司的经历与网络风险量化有何关联呢？一篇报告指出网络安全监管上的不足，并将其归结于董事会未对预算、评估、政策、职责和责任、违法行为甚至信息技术风险等安全问题引起足够重视。

风险框架可解决过度依赖风险模型的相关问题。在描述风险框架的必要性时，某大型全球银行的执行董事 José Manuel González-Páramo 说："长久以来，我们过度依赖模型和外部意见，且并未加以灵活运用……我们需要正确使用这些有效的模型、计量方法和观点，并辅以其他工具以及专业判断。"

“网络风险防御力合作关系”计划的成果之一，是促成参与者合作设计出“近实时信息分享方法，以解决数据可用性问题，并提供翔实的数据以建造统计模型”。

由此看来，公司在有效使用网络风险价值法和其他模型量化网络风险的过程中，会面临金融机构经常面临的挑战，其中之一就是长期存在的数据质量问题。在大多数网络事件未见诸报端的情况下，公司难以获取网络风险模型的一些基础数据，如攻击频率。此外，网络攻击概率模型所需的大量数据集合仍未开发完成。“网络风险防御力合作关系”计划的成果之一，是促成参与者合作设计出“近实时信息分享方法，以解决数据可用性问题，并提供翔实的数据以建造统计模型”。为了更好地理解并呈现内部数据，如量化公司资产和公司利润营收间的关系，各公司付出了巨大努力。这些努力与上述计划对于发挥网络风险价值法和其他网络风险量化模型的功效有重要作用。

其他挑战的机构性质更为强烈，如长期存在的运营孤岛、缺乏沟通和治理不当。其中，治理不当与过度依赖风险模型最有可能催生错误的安全感。

关键点：与日俱增的网络风险迫使机构考虑使用风险模型。在使用过程中，机构应同时权衡风险价值法等风险模型提供的宝贵信息和其他输入内容。为仔细规划和管理网络风险活动，机构必须防止任何一项输入内容产生过大影响。

对网络风险管理所用模型进行管理

“网络风险防御力合作关系”计划所强调的网络风险价值模型具备诸多优秀特性，有望成为高管和决策者进行风险计量的有效工具。其关键因素在于通过公司现有的风险管理框架评价这一模型，如内部控制整合框架或者由美国反虚假财务报告委员会下属的发起人委员会制定的企业风险管理整合框架。从高级层面看，内部控制元素通常包括：

- 董事会监管的控制环境。
- 涵盖了运营、报告、合规目标和网络风险潜在影响的风险评估。

- 专门对机构风险容限内的网络风险进行管理的控制活动。
- 与一般网络风险和特定网络风险事件相关的信息和沟通管理。
- 评估旨在缓解网络风险的内部控制是否有效的监控活动。

网络风险价值的这一视角为董事会和高管提供了一条成熟有效的途径，供他们交流探讨业务目标、重要信息系统的定义和相关网络风险偏好。董事会和高管的指导意见也会反过来为企业层面的严谨网络风险分析奠定基调，并设立目标。

“网络风险防御力合作关系”计划中提出，公司可通过将网络风险价值法嵌入更广泛的企业风险管理框架，促使“高级管理层不断积极参与”，从而强化其网络安全项目。爱尔兰中央银行副行长（金融监管）Cyril Roux 在 2015 年的一次演讲中概述了银行对于金融机构网络安全方面的期望，并详述了管理层参与的重要性。Roux 的演讲为各行业企业提供了有效指引，助力其增强网络攻击的探测、预防和恢复能力。主要内容包括：

- **董事会应深入理解主要风险**。这将有助于各董事就安全策略对高级管理层提出质询。
- **实施风险评估和攻击检测**。机构应定期实施网络安全风险评估。
- **准备应对网络攻击**。机构应通过分布式结构和多重防线构筑防御能力，并做好相应准备以减轻对客户的影响。
- **管理供应商风险**。机构应对未来和现有的外包服务供应商开展网络安全尽职调查，并将网络安全和数据保护条例纳入外包服务协议。
- **收集信息并遵循领先实践**。机构应遵守行业标准，并根据自身业务规模和性质，将其酌情运用于网络安全风险管理框架。此外，机构还应参与行业信息共享群组。
- **培训员工**。机构应定期为全体员工提供安全意识培训，解决安全问题中的“人为因素”。
- **制定稳健的信息技术政策、程序和技术控制**。包括事件报告与响应计划、业务恢复与连续性计划、补丁管理和员工访问权限。
- **考虑购买网络保险**。机构应评估是否将网络保险作为风险缓解策略的组成部分。

上述第一点的重要性不容忽视。董事会与管理层应互相质询，从而精准分析并权衡所有的风险输入。董事会风险监管的关键内容包括：

- 董事会与高级管理层之间的沟通。
- 董事会、董事委员会和顾问团之间的沟通。
- 通过由众多参与者梳理的直接风险管理流程进行有效协调。
- 通过系列活动，例如与管理团队讨论分析可能的风险情境，预测意外的风险情况。

最后一点让董事会有机会敦促管理团队积极参与各种风险情境的审查工作。这一方法有利于董事会判断管理团队在风险管理过程中是否采取有效行动，并找出有待改进的事项。

一些董事会将风险管理监管职责授予审计委员会。他们也考虑设立独立的网络风险监管委员会，定期与机构内负责网络风险管理的高管直接交流。

为了强化各董事应对网络风险挑战的职责，向董事会和高管提供有关网络风险的培训至关重要。实用的培训资料包括美国全国董事协会（NACD）出版的《网络风险监管手册》和纽约证券交易所治理服务部出版的《管理网络风险：公司在保卫其资产吗？》。

关键点：董事会和高管应担负更大的责任，监控组织的网络安全形势，监管网络安全策略的实施情况，并准备解答投资人、分析师和监管机构对于网络安全措施的疑问。网络风险价值和其他风险输入对履行此等职责具有重要意义。

吸取经验，迎接未来

企业领导人进一步认识到，量化网络风险有助于理解风险的潜在影响，协助合理分配资源以保护数字化资产，因此占据着至关重要的地位。正如我们所见，不论是应对财务风险还是网络风险，风险模型在缓解威胁的过程中都发挥着重要作用。风险模型有助于确定并评估数据模式和趋势，而这是风险量化的关键要素之一，其他同样重要的还有健全的治理流程、可用的风险数据以及资深的网络安全和分析专家。

与此同时， 过度依赖模型而忽略或轻视其他因素可能引发灾难性后果。相反，建立一个界定明确且符合特定业务性质的网络风险模型显得尤为重要。公司可将风险模型的输出内容转换为简单易懂的概念，助力各级管理层和董事会就风险与回报进行坦率的交流。这些概念也可帮助利益相关者在业务创新和增长的背景下，理解有关网络风险的威胁和潜在机遇。在传达这些概念时，需避免对此类模型的精确度做出错误判断，尤其在无法获取经验数据以输入特定模型的情况下。

当把模型应用于网络风险环境中时，企业和监管机构应根据具体情况对模型的作用和重要性进行具体分析，提高其风险智慧，并改善管理工作，从而为投资者和客户带来裨益。

JR Reagan | 德勤有限公司全球首席信息安全官

Ash Raghavan | Deloitte & Touche LLP 网络风险服务负责人和德勤网络风险卓越中心全球领导人

Adam Thomas | Deloitte & Touche LLP 网络风险服务负责人，专精网络保险

原文刊登于 Deloitte University Press 出版刊物 Deloitte Review 第 19 期，感谢德勤中国翻译组。

您会通过给予报酬来使人创新吗？越来越多的企业开始注重知识工作者以推进发展新的战略、产品、服务及进程，但要实现这个是非常棘手的：单一的金钱奖励可能适得其反。行为学的研究为您指出更有效点燃员工创新动机的方法。

创新无关金钱

——行为学视角下的创新行为与激励措施

文 / Nicolai Andersen, Timothy Murphy, & Dr. Alexander Börsch
图 / Jon Krause

任何一支名副其实的车库乐队都知道自己成为摇滚明星的机会十分渺茫。曾几何时，录制专辑就像种下了摇钱树，但当流媒体服务盛行后，物理媒介便逐步衰退，传统的收入来源也随之减少。如今，一支三重唱乐队想要通过在线流媒体服务赚取 1260 美元的最低月收入，需要付出极大的努力。比如，新歌需达到 70 万次点击量。对大多数人而言，通过流媒体服务获得的版税甚至还不及版税支票的邮寄费用。

尽管如此，人们仍在继续学习弹奏乐器、创作歌曲，甚至是录制歌曲。值得庆幸的是，音乐人对音乐创作的热爱与未来的经济回报无关。相反，他们不过想要充分发挥宝贵的创意灵感，以实现其内在价值。

不少企业都是依靠这种车库乐队的创意精神获得成功的，而这种创意精神往往来源于大多数发达国家劳动力增长最快的知识型员工，如软件工程师、咨询师以及数据分析师等。他们拥有特定的技能，并且能够在专业领域中展示自身的技能。在数字化和知识驱动的经济中，创新周期逐步缩短，企业越来越依靠这一群体参与创新活动，以推出新的战略、产品、服务和流程。但令人苦恼的是，很多行业如金融服务业和零售业通常没有成熟的研发部门。他们不得不依靠自己的知识型员工来进行创新思维。

一开始就为参与创新活动的个人提供经济回报可能会适得其反。相反，创新是一种具备一套内在奖励机制的创造性活动。也就是说，创新是受内在驱动的。

那么企业应如何有效地培养创新能力呢？大多数人的第一反应可能是向创新人士提供经济回报，但很多公司无法完全通过金钱奖励来促进创新，因而无法培养抱负并提升专业能力。事实上，一开始就为参与创新活动的个人提供经济回报可能会适得其反。相反，创新是一种具备一套内在奖励机制的创造性活动。也就是说，创新是受内在驱动的。

虽然只依靠金钱并不能解决促进员工创新的难题，不过企业有理由保持乐观。企业可以从行为经济学中寻求答案，这门学科结合了经济学和心理学，旨在研究人们在金钱方面做出的非理性决策。该领域的知识解释了为什么金钱奖励不一定总能有效推动企业创新。为了探索个人创新的激励因素，众多行为学研究和企业领导力研究纷纷聚焦一个共同话题：社会影响是激发创新行为的有力因素。

本文将探讨创新驱动因素。首先，文章将解释为何单凭金钱奖励难以激发创新等内在驱动行为。其次，文章将积极探求能有效激发个人创新的内在驱动因素，并从以下三方面展开分析：创新竞赛的社会认可力量、有效促进创新的非金钱奖励机制以及组织公民行为。

创新是道难题

按照传统的经济学原则，我们应该秉持“薪水越多回报越大”的理念，以相对直接的方式鼓励员工创新，并逐步引导员工参与创新活动。很多情况下，这类传统假设及相应的激励机制有效地引导了员工行为。销售业绩奖金就是传统经济学的一个典型案例。销售业绩奖金是指向某产品的销售人员发放的奖金。毋庸置疑，当企业希望增加某些主打产品的单位销量时，便会采用销售业绩奖金的机制。

但事情并非如此简单。价格的上升并不总是伴随着供应量的相应增长。驱动因素有时非常复杂，我们期望的价格变化并不一定会产生预期的结果。正如“人类的人力资源”所述，我们都深受有限自利之害。也就是说，我们不只受经济利益的驱使，还受到很多其他因素的影响——有时这些因素甚至会影响我们可能获得的经济收益。因此，金钱奖励并不总是奏效。相反，作为更加复杂审慎的思考者，我们还看重职业荣誉感、公平以及社会福祉。因此，在某些情况下加入金钱因素可能无法获得理想的结果。

排挤效应是将金钱奖励用于内在驱动活动的最大障碍，当金钱奖励阻碍某一预期行为时通常会出现这一效应。一项猜谜实验可以解释这一概念。两组人员可选择参与猜谜活动或者阅读杂志。第一阶段，两组中参与猜谜活动的成员均没有金钱报酬。第二阶段，实验组成员猜中一个谜语可获 1 美元，但控制组成员仍不能获得金钱报酬。在第三阶段和最后阶段，两组中参与猜谜游戏的成员都没有金钱报酬。实验表明，与控制组相比，在第二阶段获得金钱奖励的小组成员参与猜谜活动的积极性明显降低。这说明金钱奖励成功抹杀了人们完成任务的内在驱动力，并降低了未来参与该项活动的兴趣。在这之前，完成任务的唯一回报是自我满足感和愉悦感，但金钱使这些内在奖励消失殆尽，只剩下唯一的外部动机。

不幸的是，排挤效应是可以转移的。如果对完成本职工作之类的主要活动进行奖励，那么参与其他辅助性活动 (如创新) 的积极性便会降低。Bruno Frey 用环境政策向我们解释了这个概念。在一次活动中，金钱鼓励或许能有效促使人们从事环境保护活动，但如果之后的其他环保活动没有金钱奖励，那么人们参与活动的积极性将大打折扣，从而弱化了预期行为。因此，如果我们奖励某人回收铝罐，那么他就不会积极回收玻璃瓶，除非回收玻璃瓶也能获得奖励。简而言之，用外部奖励激发内部动机往往得不偿失，金钱只能在短期内起到激励作用，更糟糕的是，会让人们误以为与生俱来的内部动机应该得到补偿。

为什么创新容易受群体的影响

通常来讲，在成熟的团队中，如资金充足的研发部门，创新不仅仅是个人的首要职责，同时也是日常的本职工作。由于创新是其核心和日常职责所在，传统的行为影响也许不会如此明显，因此人们更容易受外部 (金钱) 奖励的激励。但这对知识型员工并不适用。这些专业人员往往需要在日常本职工作以外的细枝末节上进行创新，他们既不属于研发部门也不属于研究机构，因此不会将创新视作自身的日常工作，而知识型员工的创新活动恰好体现了创新行为本身的内在动机。这类创新活动没有明确的界定，且存在诸多不确定性。在这种情况下，金钱等外部激励因素很难产生影响。这一领域的两位研究人员 Bhaduri Saradindu 和 Kumar Hemant 将此类行为称作“草根”创新，并表示传统的金钱奖励并非激励预期行为的主要驱动因素。

在研发部门，创新是一个耗资巨大的长期过程，“草根”创新则与之不同，通常是对一些已有事物进行小规模的渐进式改进。这种类型的创新通常在企业内部悄然进行。这些创新者并不以商业利益为出发点，而是试图解决企业日常运转中的小问题。“草根”创新是知识型员工的创造性工作。他们发现问题、开展实验并找出解决方案。

一方面金钱奖励达不到预期效果，另一方面几乎每一家企业都需要“草根”创新，我们不得不思考如何才能充分调动内部奖励机制，激励并奖励个人创新。由于存在排挤效应，实施外部激励显得有些复杂。这不是说金钱完全没用，只是并非首要驱动因素。由于某些奖励会妨碍创新行为，所以企业可以运用行为经济学提升参与度，并促进创新。

同心协力

卓有成效的激励措施在制定奖励机制时通常会考虑到社会因素，如周围环境的影响或者公开奖励潜在创新者。由于决定参与创新本身就是一个复杂的心理过程，我们需要从多个层面进行分析。因此，我们可以从下列三个社会维度培养草根环境下的创新。首先，开展创新竞赛，并为参与者提供社会奖励。其次，企业可实施强调社会认可度的奖励机制，即便创新并不奏效也可获得奖励。最后，强化组织公民行为，促使人们进行自主创新。

激发竞争意识

每一家企业都会遇到亟待解决的特定问题。一家尚未组建解决方案开发团队的企业往往会受到诸多问题的困扰，如改进低效流程、满足未被满足的市场需求，以及制定技术解决方案等。如果不能动员员工提供创造性解决方案，那么问题可能会继续存在，且无法得到应有的关注。更糟糕的是，没有任何人或团队认为自己有能力给出可行的解决方案。

如果遇到上述情况，可以考虑推出创新竞赛奖。企业可通过举办创新竞赛向内外部受众说明遇到的问题，以众包的方式向众人征求最佳解决方案，最终胜出的创意人士将获得金钱或非金钱奖励。表面上看，这一激励机制似乎直接关系到金钱，虽看似与上述创新激励因素相违背，但研究表明，参与者还会获得额外的内在奖励。

参与创新的隐性奖励

潜在的高额现金奖励在很大程度上属于外部奖励。不过，行为经济学指出了其他驱动因素，这些因素不仅能促进员工积极参与，还能缓解上文所述的长期排挤效应。特别在竞赛参与度较高的情况下，大多数参与者知道他们的创新很有可能无法获得经济回报。

创新竞赛的一个明显的好处是，竞赛获胜者通常可赢得声誉。不论公司规模大小，哪怕只提供一小笔费用，优胜者均可获得声誉上的回报，这种回报往往提高了竞赛的参与度。由此说明，人具有获得同行认同的内在需求——通常称为社会认可。

还有证据表明，即使未获胜的参与者也能够有所收获，这在需要跨部门团队参与的竞赛中尤其如此。以团队协作的方式解决问题能产生一种集体荣誉感。在协作解决问题的过程中，团队成员会产生一种新的内在驱动力量，有助于团队集思广益。在精心设计的竞赛中，成员们不再计较个人胜出的概率，而是通过携手打造解决方案获得一种新的满足感。内部竞赛中这一效果将更加明显，因为相较于竞赛奖励，团队共同制定的解决方案会直接给该团队带来更多益处。

德勤在推动创新竞赛方面所做的努力证实了上述部分结论（欲了解竞赛详情，敬请参阅“德勤德国创新竞赛”）。创新竞赛由德勤德国创新团队组织，赛后的调查结果表明，除了潜在的获奖机会以外，参与者还收获了许多并不显而易见的回报（见图 1）。大多数受访者（51%）表示参与竞赛的动因是借机发表创见。换言之，他们只是需要一个发表创见的渠道，而竞赛正好为他们提供了这样的渠道。尽管 20% 的受访者表示为了获奖而参与竞赛，但大多数人认为以下三点才是普遍的动因：借机提升公司知名度（31%）、接受智力层面的挑战（29%），以及获取对公司而言至关重要的知识（29%）。总之，不论最初的外在激励因素如何，精心设计的竞赛往往依靠内在社会动因培养人们的创新行为。

德勤德国创新竞赛

2014 年，德勤德国创新团队举办了一场员工创新竞赛，旨在针对事务所的服务发表创见，以满足未来的客户需求。奖品包括免费参加知名研讨会、一台 3D 打印机和一块智能手表。最佳创意由员工投票决定。

本次竞赛最终产生 100 个新创意。更有趣的是，在全员参与的过程中，社会影响因素显而易见，逾 1000 名员工（德勤德国员工总数的 25%）通过评论或投票参与了本次竞赛。最终，部分员工携手组成团队，通过集思广益寻求更好的综合解决方案。

图1 德勤德国创新竞赛结果（n=35）

资料来源：德勤大学出版社 | DUPress.com。

通用电气创新竞赛

无论问题看上去多么具体和专业，创新竞赛始终都是激发全员参与的有效机制。因此，通用电气（GE）举办了创新竞赛，以众包的方式为重要产品的发明和改进工作征求创意。寻求某具体问题的解决方案时，如制造更轻的飞机发动机支架，通用电气不再采用将任务分配给内部工程团队的传统方式，而是选择以竞赛形式向员工公开征集创意。制定严谨精准的竞赛规则是取得成功的必要条件，因此通用电气应在竞赛规则中明确指出竞赛目标，即设计出比现有支架更轻的安装支架。最终的获胜者将赢得两万美元的现金奖励。

此次竞赛无疑取得了巨大成功。首先，参与者共提交了700多个解决方案。其次，根据最佳解决方案制造出的发动机支架比传统支架轻80%。第三，在投入金额同样是两万美元的情况下，相较于进行内部开发，组织创新竞赛可进一步激发针对该特定问题的创新思维。此外，在竞赛中脱颖而出不仅能够得到同行的认可，还能够获得工程界的广泛认可，并激励其他员工参与竞赛。

成功竞赛指引

仅仅举办一次竞赛并不能保证后续竞赛的成功和参与度。Cass Sunstein 和 Reid Hastie两位著名的行为经济学家就有效举办创新竞赛提供了以下建议：

- 成功的竞赛需设立清晰明确的目标。清晰的目标可能比竞赛参与人数更加重要，因为它可以促使更多有能力的优秀参与者主动参与竞赛。

- 证据显示，如果竞赛目标是解决相对普遍且复杂程度较低的问题（如大多数知识型员工需要解决的问题），那么应当限制竞赛参与人数。然而，如果问题新颖独到并极具挑战性，则应当吸引大量优秀参与者参与竞赛。
- 奖项设置应确保获胜者赢取最高奖励，同时避免“赢者通吃”的局面。除了奖励唯一优胜者以外还应提供其他奖励，借此激励更多人参与竞赛，同时这种做法也不会大费周章。

奖励内在动因

创新竞赛有利于集中精力解决某项特定问题。但问题有些时候却含糊不清，要么是定义不明确，要么是尚未为人所知。至关重要的是，对于解决此类问题的人，应当充分认可他们的优秀创新工作。调查显示，特定类型的奖励制度可以成功激发员工的创新行为。正如各位所想，本节旨在探讨如何通过创新将奖励收入囊中。

榜上有名

履行本职工作以外其他职责的员工通常希望他们的行为得到认可。研究表明，成就感和社会认可等非金钱形式的奖励有助于提高员工积极性，从而提升绩效并推动创新。财捷集团设立了斯科特库克创新奖，用于奖励员工的创新行为。获奖员工将获得的奖励包括“一个奖杯、在创新荣誉墙留名、与管理团队共进晚餐以及旅行奖励”。花时间认可员工的杰出表现或创新行为响应了社会认可的理念。当看到他人的成就得到认可时，员工自然而然受到激励，希望向同行展现他们的能力和技能。换言之，这有助于建立职业自豪感。

勇于冒险，无惧失败

创新值得鼓励，而失败作为创新过程的一部分，同样应当得到认可和理解。并非每次创新都会取得重大成果，因此合理构建风险框架对企业而言至关重要。如此，员工将不再害怕失败。但实际上，由于缺乏鼓励冒险和创新的奖励制度，大多数人都畏惧失败。他们认为，为企业未来发展献策献力的奖励通常聊胜于无，而一旦失败，则可能失去工作或造成其他极端后果。采取这种奖励方式（即使并非出于有意）的企业通常都犯了目光短浅的错误。换言之，仅以孤立的眼光评估每次投资，而非将其置于广泛投资组合的大背景之下。因此，在这种环境下，每次“失败”的投资都会受到过度惩罚，从而抑制了未来的冒险及创新行为。

相反，企业应该奖励明智的冒险行为，并重构风险框架，使其成为业务成本的一部分。积极公开地认可失败的创新行为也未尝不可。财捷集团就设立了“最伟大失败奖”，以此鼓励失败；若创新失败，财捷集团则通过举办“失败派对”鼓励员工进行创造性思维并获得学习机会。这种做法不仅可以鼓励员工培养创造性思维，而且可以改变有关冒险的社会规范。谨慎的冒险不再是危险的尝试，相反，这样的冒险值得鼓励、学习并获得公开认可。

创新的奖励方式和时间

总而言之，企业奖励创新的方式会在很大程度上改变创新的影响。企业应确保公开奖励创新行为，例如颁发每月创新奖，以及其他特别奖励（如专用停车位或免费午餐）。另一种有效做法是切实展示成功的创新行为，包括在公共区域展示奖章或照片。此外，奖励的时间选择也至关重要。企业不仅应不断（临时或定期）奖励创新行为，还应奖励尚未成熟的创新构想。这样一来，若创新失败了，就不会产生“一开始就不是个好主意”这种事后诸葛亮的想法。

组织公民行为和企业

创新竞赛和公众认可有助于解决单一问题。但是企业经常需要处理一系列有待解决的未知问题，而这只能寄希望于“草根”创新者。企业通常希望员工在切实履行日常职责的同时，积极寻求创新机遇。做到这一点的员工往往最了解应在哪些地方进行创新。本质上讲，企业希望培养审慎的创新者。为培养创新型员工，企业领导需要强化组织公民行为。组织公民行为让员工愿意自觉履行企业未明确规定的职责，从而推动企业创新并提升效率。组织公民行为形成后，员工希望见证企业取得成功，并为之贡献一己之力。

公民道德

员工通过积极自愿地参与团队或企业的治理，展现自身公民道德。具体的例证有参加会议、表达有关企业决策的看法和了解相关行业新闻。具备这类公民道德的员工通常都积极参与企业活动，并致力于协助企业的健康发展。一项研究表明，在小型企业中，公民道德对员工的创新行为发挥着尤为重要的作用。这些洞察也适用于小型自主团队的知识型员工，因为他们的工作环境与小型企业相似。简而言之，积极活跃的团队成员会自发地为企业寻求更多创新机会。

当员工全心全意为企业奉献时，他们就会展现出公民道德。准确地说，员工如何全心投入工作极其重要。有证据表明，大量金钱奖励（如股票期权）不太可能促使员工参加企业的创新活动。相反，最能影响创新行为的是让员工对企业心生好感的承诺，通常称作“感情承诺”。感情承诺驱使员工认同企业的目标，并为之做出贡献。

感情承诺之所以能更好地培养组织公民行为，原因在于社会交换理论，即当人们获得好处后，往往认为有必要报答对方。开源软件的成功证明了互惠原则的力量。用户群体自愿（快速地）帮助群体内的其他成员解决技术问题，理论上是因为那些成员曾经给他们提供了帮助。回到组织公民行为的话题，一项针对各行业人员的研究发现，工作—生活福利的完善将明显提升组织公民行为。简而言之，非金钱奖励可激励员工成为审慎的创新者。

组织公民行为让员工愿意自觉履行企业未明确规定的职责，从而推动企业创新并提升效率 。当组织公民行为形成后，员工希望见证企业取得成功，并为之贡献一己之力。

如何培养组织公民行为

如果希望员工全天候进行创新，企业应大力宣传公民道德，鼓励员工全心投入工作，并致力于企业发展。这显然绝非易事，企业必须向员工阐述互惠原则。

- **推行互惠原则**。证据表明，员工热切期望进一步取得工作与生活的平衡，并希望获得更多的福利。仅需多给员工一些私人时间或灵活的工作时间，便可培养长期的组织公民行为。这样反而让员工有更多时间进行思考并参与创新活动。
- **明确企业目标**。员工应认同企业目标，并对其充满热情。第一步是广泛传达明确的企业目标。第二步是告诉员工如何努力实现目标。领导层应特别强调其创新策略，并勇于分享过去的成败案例。
- **吸引员工参与**。团结协作的氛围有利于培养公民道德。企业应确保员工参与相关会议，并鼓励他们发表意见。企业可采用一些简单的方法鼓励员工自由发表看法，例如让领导最后发言，或为员工提供安全的发声平台。高度的参与感还可促使员工进一步投身企业活动，如前文提到的创新挑战。

妨碍和鼓励创新行为

对企业而言，鼓励创新所需的创造性思维绝非易事。创新是受内在驱动的行为，而传统的经济奖励并不总是奏效。庆幸的是，我们拥有行之有效的备选方案，并以培养员工的团队协作意识为切入点。需要运用创新思维解决特定问题时，举办创新竞赛是激发创新思维的有效手段。通常来讲，企业如果想要向员工灌输全天候的创新思维模式，那么营造一种倡导组织公民行为的氛围非常重要。在奖励创新时，应公开认可并祝贺员工的创造性努力，哪怕他们有时会失败。表 1 总结了激发创新行为的社会驱动因素。

值得注意的是，这些创新驱动因素需要企业做出长期的承诺。对众多企业而言，它们不是短期内的权宜之计，而是重要的文化转变。反过来，长期致力于此的企业通常会收获有上进心的员工，这些员工希望将创新想法转化为创新行为。各层级领导人都应在领导工作中始终如一地贯彻下列三种行为理念：

- **谨记社会认可的重要性**。人们从身处的群体中学习处事方式。企业应奖励并认可不同寻常的想法。不论是哪个层级的领导，都应认可员工的成就。
- **切忌目光短浅**。让员工知道偶尔的失败实属正常。员工也应当了解适当的冒险不仅可以接受，甚至会受到奖励。如果员工畏惧创新思考的后果，那么创新将会是一场艰苦的斗争。

表1 培养创新行为的方法

创新驱动因素	行为影响因素	成功策略
创新竞赛	社会认可对激励员工参与创新发挥了重要作用。人们总希望在同行面前展现出专业能力并获得认可。	• 设立明确的目标。 • 问题复杂程度越低，参与者人数越少。 • 奖项设置合理，冠军可获得最高奖项，但非所有奖项。
认可和奖励	社会认可让同行明白创造性思维和创新可获得认可。这有助于让创新成为企业的社会规范。 目光短浅扼杀了创新和创造力。企业应从更宏观的视角重构风险框架以鼓励创新行为。	• 公开奖励。 • 经常奖励（即兴奖励或定期奖励）。 • 庆祝成功和失败。
培养公民道德以强化组织公民行为	互惠原则鼓励员工“回报”企业，有助于使员工和企业紧密相连。	• 进一步倡导工作与生活的平衡。 • 明确指出员工应如何协助企业实现目标。 • 为员工提供自由表达想法与担忧的平台。

资料来源：德勤大学出版社 | DUPress.com。

- **时刻谨记“爱人如己”**。人们往往遵循互惠的原则。善待员工，员工也将报以善意。

通过上述三种鼓励创新的途径，不难发现一个经久不衰的观点：企业的社会规范将妨碍或推动其创新行为。

Nicolai Andersen 现任 Deloitte Consulting GmbH 合伙人和德勤德国创新领导合伙人。

Timothy Murphy 现任 Deloitte Services LP 研究经理。他的研究专注于先进技术、行为科学及其对业务管理的影响。

Dr. Alexander Börsch 现任 Deloitte & Touche GmbH 总监和德勤德国研究负责人。

原文刊登于 Deloitte University Press 出版刊物 Deloitte Review 第 18 期，感谢德勤中国翻译组。

1/2/3 许思涛 | 德勤中国首席经济学家 合伙人 | 邮箱：sxu@deloitte.com.cn

4 龙永雄 | 德勤中国消费品及零售行业主管合伙人 | 邮箱：dalung@deloitte.com.cn

5 林国恩 | 德勤中国电信行业主管合伙人 | 邮箱：talam@deloitte.com.cn

6 吴　苹 | 德勤中国生命科学医疗行业主管合伙人 | 邮箱：yvwu@deloitte.com.cn

7/8/9 Jon Warshawsky | Deloitte Review 主编 | 邮箱：jwarshawsky@deloitte.com

如希望了解更多报告和相关信息，
请登陆德勤中国官方网站
www.deloitte.com.cn

Should you wish to learn more about the report and relevant information, please log on www.deloitte.com.cn

《德勤新视界》读者调查问卷

1. 本辑所有栏目中，您最感兴趣的栏目是哪一个？					
请您按照以下标准打分：	5（非常好）	4（较好）	3（说不准）	2（较差）	1（非常差）
资本市场	☐	☐	☐	☐	☐
对话	☐	☐	☐	☐	☐
行业趋势	☐	☐	☐	☐	☐
封面故事	☐	☐	☐	☐	☐
管理智慧	☐	☐	☐	☐	☐

2. 本辑所有文章中，对您最有启发和帮助的是哪一篇？					
请您按照以下标准打分：	5（很有帮助）	4（有些帮助）	3（说不准）	2（没什么帮助）	1（没有帮助）
2017 年亚洲市场 你需要知道的四件事	☐	☐	☐	☐	☐
2017 年中国经济展望	☐	☐	☐	☐	☐
中国制造业重建比较优势 ——对话霍尼韦尔	☐	☐	☐	☐	☐
互联网品牌的立命之本	☐	☐	☐	☐	☐
解密移动消费者的套路	☐	☐	☐	☐	☐
新医改，新变局 ——跨国药企的挑战及应对	☐	☐	☐	☐	☐
密码以外的世界 ——提升数字化转型的安全性、效率和用户体验	☐	☐	☐	☐	☐
量化风险 ——网络风险管理可从金融服务行业获得哪些启发？	☐	☐	☐	☐	☐
创新无关金钱 ——行为学视角下的创新行为与激励措施	☐	☐	☐	☐	☐

3. 您从哪一个渠道获得 / 关注到本书 / 本书中某篇文章

☐ 德勤员工向您赠阅　☐ 企业管理人员向您推荐　☐ 公开商务场合

☐ 论坛 / 峰会 / 交易会现场陈列　☐ 德勤中国官方网站　☐ 其他媒体转载

4. 除了本辑所关注的行业之外，您目前特别关注的行业是：____________

5. 除了本辑所讨论的话题之外，您目前特别关注的话题是：____________

6. 您今后是否想继续收到德勤中国编辑的《德勤新视界》（☐ 是　☐ 否）

您填写完成调查问卷后，可以发送传真或电子邮件到以下联系方式：

FAX: +86 21 6335 0003 《德勤新视界》编辑组 收　　Email: cndr@deloitte.com.cn

谢谢您的阅读与合作！

德勤中国办公室及联系方式

北京
德勤华永会计师事务所（特殊普通合伙）北京分所
中国北京市东长安街 1 号
东方广场东方经贸城西二办公楼 8 层（邮编 100738）
电话：+ 86 (10) 8520 7788
传真：+ 86 (10) 8518 1218

长沙
德勤企业顾问（深圳）有限公司长沙分公司
中国长沙市开福区芙蓉北路一段 109 号
华创国际广场 3 号栋 20 楼（邮编 410008）
电话：+ 86 (731) 8522 8790
传真：+ 86 (731) 8522 8230

成都
德勤华永会计师事务所（特殊普通合伙）成都分所
中国成都市人民南路二段 1 号
仁恒置地广场写字楼 34 层 3406 单元（邮编 610016）
电话：+86 28 6789 8188
传真：+86 28 6500 5161

重庆
德勤华永会计师事务所（特殊普通合伙）重庆分所
重庆市渝中区瑞天路 10 号
企业天地 8 号德勤大楼 36 层（邮编 400043）
电话：+86 23 8823 1888
传真：+86 23 8859 9188

大连
德勤华永会计师事务所（特殊普通合伙）大连分所
中国大连市中山路 147 号
森茂大厦 1503 室（邮编 116011）
电话：+ 86 (411) 8371 2888
传真：+ 86 (411) 8360 3297

广州
德勤华永会计师事务所（特殊普通合伙）广州分所
中国广州市珠江东路 28 号
越秀金融大厦 26 楼（邮编 510623）
电话：+ 86 (20) 8396 9228
传真：+ 86 (20) 3888 0575

杭州
德勤华永会计师事务所（特殊普通合伙）杭州分所
中国杭州市上城区飞云江路 9 号
赞成中心东楼 1206-1210 室（邮编 310008）
电话：+ 86 (571) 8972 7688
传真：+ 86 (571) 8779 7915 / 8779 7916

哈尔滨
德勤管理咨询（上海）有限公司哈尔滨分公司
中国哈尔滨市南岗区长江路 368 号
开发区管理大厦 1618 室（邮编 150090）
电话：+86 (451) 85860060
传真：+86 (451) 85860056

合肥
德勤管理咨询（上海）有限公司合肥办事处
安徽省合肥市政务文化新区潜山路 190 号
华邦 ICC 写字楼 A 座 1201 单元（邮编 230601）
电话：+86 (551) 6585 5927
传真：+86 (551) 6585 5687

济南
德勤华永会计师事务所（特殊普通合伙）济南分所
济南市市中区二环南路 6636 号
中海广场 28 层 2802、2803、2804 单元（邮编 250000）
电话：+86 (531) 8973 5800
传真：+86 (531) 8973 5811

香港
德勤 • 关黄陈方会计师行
香港金钟道 88 号太古广场一期 35 楼
电话：+ (852) 2852 1600
传真：+ (852) 2541 1911

澳门
德勤 • 关黄陈方会计师行
澳门殷皇子大马路 43-53A 号澳门广场 19 楼 H-N 座
电话：+ (853) 2871 2998
传真：+ (853) 2871 3033

南京
德勤华永会计师事务所（特殊普通合伙）南京分所
中国南京市新街口汉中路 2 号亚太商务楼 6 层（邮编 210005）
电话：+ 86 (25) 5790 8880
传真：+ 86 (25) 8691 8776

上海
德勤华永会计师事务所（特殊普通合伙）
中国上海市延安东路 222 号外滩中心 30 楼（邮编 200002）
电话：+ 86 (21) 6141 8888
传真：+ 86 (21) 6335 0003

沈阳
德勤管理咨询（上海）有限公司 沈阳分公司
中国沈阳市沈河区青年大街 1-1 号
沈阳市府恒隆广场办公楼 1 座 36 层
05 及 06 单元（邮编 110063）
电话：+86 (24) 6785 4068
传真：+86 (24) 6785 4067

深圳
德勤华永会计师事务所（特殊普通合伙）深圳分所
中国深圳市深南东路 5001 号华润大厦 13 楼（邮编 518010）
电话：+ 86 (755) 8246 3255
传真：+ 86 (755) 8246 3186

苏州
德勤华永会计师事务所（特殊普通合伙）苏州分所
中国苏州市工业园区苏惠路 88 号
环球财富广场 1 幢 23 楼（邮编 215021）
电话：+ 86 (512) 6289 1238
传真：+ 86 (512) 6762 3338 / 6762 3318

天津
德勤华永会计师事务所（特殊普通合伙）天津分所
中国天津市和平区南京路 183 号
世纪都会商厦办公楼 45 层（邮编 300051）
电话：+86(22) 2320 6688
传真：+86(22) 8312 6099

武汉
德勤华永会计师事务所（特殊普通合伙）武汉分所
中国武汉市建设大道 568 号
新世界国贸大厦 38 层 02 号（邮编 430022）
电话：+86 (27) 8526 6618
传真：+86 (27) 8526 7032

厦门
德勤华永会计师事务所（特殊普通合伙）厦门分所
中国厦门市思明区鹭江道 8 号
国际银行大厦 26 楼 E 单元（邮编 361001）
电话：+86 (592) 2107 298
传真：+86 (592) 2107 259